REDDUCK

Bowl Dich Schlank

120 leckere und schnelle Bowl-Rezepte für Deine gesunde Ernährung

Julia Stevens

Bowl Dich Schlank: 120 leckere & schnelle Bowl-Rezepte für Deine gesunde Ernährung

Für Fragen und Anregungen:
support@red-duck.de
http://www.red-duck.de/

Auflage 2020

ISBN: 978-3-96959-016-4

Inhaltsverzeichnis

Einleitung

Warum ist die Bowl gerade so in?

Wer sich mit dem Thema Ernährung auseinandersetzt, kommt derzeit an einem Trend nicht vorbei: den sogenannten *Bowls*. Unzählige schöne Bilder von kunstvoll und appetitlich in Schüsseln angerichteten Zutaten werden aktuell in den sozialen Medien präsentiert und nicht nur Foodblogger geraten dabei ins Schwärmen. Die Fotos machen nämlich wirklich Lust, gleich selbst so ein Prachtstück zu kreieren und zu genießen. Geht es Dir nicht auch so?

Aber lass uns doch zuerst einmal zusammen herausfinden, woher dieser Trend kommt und warum die Bowls derzeit in aller Munde sind.

Wie so viele Trends fanden auch die Bowls ihren Weg zu uns über den großen Teich. Vor mehr als 10 Jahren soll ein Tex-Mex-Restaurant in den USA die geniale Idee gehabt haben, ihre Burritos in Schüsseln statt in den üblichen Weizenfladen anzubieten. Das hat vor allem bei den Mittagsgästen großen Anklang gefunden. Und so ist die Burrito-Bowl entstanden. Der eigentliche Siegeszug der Bowls im Rest der Welt startete dann ca. 2015. Fotos der Schüsselgerichte wurden nun nämlich vermehrt vor allem auf Pinterest und Instagram gepostet und munter geteilt. Seither ist ein wahrer Hype um die leckeren Bowls entstanden und ein Ende ist auch noch nicht abzusehen.

Der Grund dafür ist wahrscheinlich, dass die Bowls genau den aktuellen Zeitgeist treffen. Der Fokus vieler Menschen liegt nun auf einer gesunder Ernährung mit qualitativ hochwertigen Nahrungsmitteln und auf bewusstem Genuss. Bowl-Gerichte passen da einfach perfekt. Die Zutaten bestehen nämlich aus frischen, unverarbeiteten Produkten, besonders aus Gemüse und Obst, aber auch aus Fisch und Fleisch. Dabei musst Du nicht unbedingt exotische Zutaten verwenden, sondern kannst natürlich auch regionale und saisonale Produkte verwenden. Nur Fertigware kommt nicht in die Schüssel, denn die gehört nicht zu einer gesunden und bewussten Lebensweise. Apropos bewusst: Das Zubereiten einer Bowl lenkt Deine Aufmerksamkeit automatisch auf Deine Tätigkeit. Durch das Schneiden und kunstvolle Anrichten der Lebensmittel beschäftigst Du Dich auch sehr bewusst mit ihnen. Du fühlst ihre Konsistenz, siehst ihre Farben und bist ganz im Hier und Jetzt. Danach bewunderst Du das fertige Produkt und genießt das Essen umso mehr. So sind die Bowls zu einem wichtigen Teil des sogenannten „Clean Eatings" und eines bewussteren, fitteren Lifestyle geworden.

Ein weiterer Vorteil der Bowls ist, dass sie relativ unkompliziert in der Zubereitung sind und meist ratzfatz auf dem Tisch stehen. Außer der Schüssel wird auch nur wenig anderes Kochgeschirr benötigt. Gerade nach einem stressigen Arbeitstag ist das natürlich ein wichtiger Aspekt. Denn, Hand auf's Herz, wer hat abends noch Lust, stundenlang die Küche aufzuräumen oder gar abzuspülen? Zudem kannst Du Dich beim Kreieren einer Bowl super auf den Feierabend einstimmen. Das Schnippeln und Anrichten bringt Dich automatisch dazu, einen Gang herunter zu schalten und Du kannst bei der Zubereitung Deine Kreativität ausleben. Es gibt allerdings zwei ungeschriebene „Bowl-Gesetze", die Du beachten solltest, nämlich „Je bunter, desto besser" und „Mischen ist tabu." Alle Zutaten werden stattdessen liebevoll und appetitlich in der Schüssel arrangiert, denn das Auge isst ja bekanntlich auch mit. Toppings und Soßen nach Wahl bilden das kulinarische i-Tüpfelchen. So entstehen wahre Kunstwerke, die es durchaus wert sind, in den sozialen Netzwerken präsentiert zu werden.

Die Bowls sind aber nicht nur schön anzusehen, sie haben es auch buchstäblich in sich. Die Kombination unterschiedlichster Konsistenzen und Aromen wird zu einem intensiven, ganz neuen Geschmackserlebnis. Gegessen wird ganz unkompliziert mit einem Löffel oder einer Gabel. Du kannst also Deine Bowl genießen, wo Du möchtest – entweder am Esstisch oder ganz entspannt auf der Couch. Eine Bowl ist ideal, wenn Du ohne großen Aufwand ein gesundes Gericht zaubern möchtest, das alle Sinne anspricht.

Bowls sind sicher auch deshalb so beliebt, weil sie praktisch für jeden geeignet sind – egal, ob Du Veganer, Vegetarier oder Alles-Genießer bist. Bei der individuellen Bowl-Gestaltung lassen sich auch etwaige Allergien oder Unverträglichkeiten gut berücksichtigen. Da es keine festen Regeln gibt, was alles in eine Bowl hinein darf und was nicht, kann sich jeder seine Lieblingszutaten nach eigenem Gusto in die Schüssel legen. Erlaubt ist, was gefällt und schmeckt – außer vielleicht Pommes und Pizza, doch die passen auch nicht wirklich zu Clean Eating und gesunder Lebensweise, nicht wahr?

Wenn Du Lust hast, mal etwas Neues auszuprobieren oder einfach gerne bewusst, lecker und abwechslungsreich genießen möchtest, ist dieses Buch genau die richtige Lektüre für Dich. Ich stelle Dir die beliebtesten Bowls vor und verrate Dir Interessantes und Wissenswertes über ihre Herkunft und Entstehungsgeschichte. Außerdem erfährst Du welche Zutaten sich zu wahren „Dauerbrennern" in den Bowls entwickelt haben und daher auch in in den meisten zu finden sind. Sie enthalten besondere Nährstoffe und welche das sind, verrate ich Dir natürlich auch.

Von den Nährstoffen ist es dann nur ein kleiner Schritt zu den Nährwerten. Natürlich wirst Du zu jedem Rezept die entsprechenden Angaben finden. So kannst Du die leckeren Bowls einfach in Deinen Ernährungsplan integrieren. Solltest Du gerade auf Diät sein oder eine planen, gebe ich Dir Tipps, welche Bowls besonders kalorienarm oder proteinreich sind und daher super zum Abnehmen geeignet sind.

Und da sind wir auch schon bei der Hauptsache und dem Hauptteil dieses Ratgebers angelangt: dem Rezeptteil. Vom Frühstück bis zum Dessert findest Du hier viele leckere Bowl-Ideen. Dazu gibt es Vorschläge für Toppings und Dips und Anregungen, wie Du auch den lieben Kleinen die Bowls schmackhaft machen kannst. Je nach Zubereitungszeit habe ich die Rezepte dabei in verschiedene Kategorien eingeteilt. Die besonders schnellen und einfachen stehen dabei stets am Anfang. So hast Du es bei der Planung leichter und Du kannst genau die Bowls auswählen, die in Deinen aktuellen Tagesplan passen.

Nun wünsche ich Dir viel Spaß beim Lesen und Ausprobieren der Rezepte. Let's Bowl!

Basiswissen

1.1 In der Vielfalt liegt die Kraft

Bowls gibt es in vielen Varianten mit den unterschiedlichsten Zutaten. Deiner Fantasie und Kreativität sind praktisch keine Grenzen gesetzt. Dennoch haben sich mittlerweile ein paar Klassiker etabliert, die Bowl-Liebhaber und solche, die es werden wollen, auf jeden Fall probiert haben müssen. Dazu gehören:

Acai-Bowl

Die Powerbeere, die übrigens „Assai" ausgesprochen wird, ist in Brasilien zu Hause und gilt als das Superfood schlechthin. Das wissen die Ureinwohner Brasiliens schon seit Jahrtausenden und gaben dieses Wissen an ihre Nachkommen weiter. Bei den Brasilianern gehört die Acai-Beere sogar fast zu den Grundnahrungsmittel. Uns aber wären die Vorzüge dieser tollen Früchtchen fast vorenthalten geblieben – hätte nicht der Zufall seine Hand im Spiel gehabt. Was für ein Glück! Amerikanische Surfer, die in dem südamerikanischen Land Urlaub machten, probierten nämlich die Beeren und bemerkten, wie schnell sie ihre verbrauchte Energie zurückbekamen, wenn sie die Acai-Beeren direkt nach dem

Sport zu sich nahmen. Als dann US-Talk-Queen Oprah Winfrey in ihrer Show auch über die Acai-Beere berichtete, war sie plötzlich in aller Munde, angefangen bei Stars wie Madonna bis hin zu ganz normalen, gesundheitsbewussten Menschen. Und das völlig zu Recht, denn Acai-Beeren sind wahre Allzweckwaffen der gesunden Ernährung. Sie stecken voller wichtiger Mineralstoffe und Vitamine – namentlich B, C und E. Daneben sind sie reich an Ballaststoffen, Antioxidantien und ungesättigten Fettsäuren. Diese Kombination kann sowohl den Stoffwechsel auf Touren bringen als auch den natürlichen Alterungsprozess herunterfahren. Zudem stärken die Beeren das Immunsystem und liefern Energie. Kein Wunder, dass sie so beliebt sind!

Frische Acai-Beeren wirst Du bei uns leider nicht bekommen. Sie sind sehr empfindlich und würden den langen Transport nicht unbeschadet überstehen. Deshalb wird entweder gefrorenes Püree oder Acai-Pulver verwendet. Weitere klassische Zutaten sind Bananenscheiben und Granola oder Haferflocken. Natürlich kannst Du auch noch weitere Früchte hinzugefügt werden. Die Acai-Bowl ist besonders beliebt als Power-Frühstück.

Buddha-Bowl

Sie gehört ebenfalls zu den Bowl-Klassikern. Der Name ist nicht aus einem Esoterik-Trend heraus entstanden, sondern kommt tatsächlich aus dem Zen-Buddhismus. Die Mönche in den Zen-Klöstern essen bewusst und maßvoll. Sie nehmen nur so viel zu sich, wie sie brauchen, um ihren täglichen Energiebedarf zu decken. Damit sich während des Speisens Geist und

Körper perfekt vereinigen können, wird die Mahlzeit gemeinsam, schweigend und in völliger Achtsamkeit eingenommen. Bei dieser „Õryõki" genannten Zeremonie hat jeder Mönch sein persönliches Ess-Set, das aus drei unterschiedlich großen Schüsseln besteht und von Stäbchen und einer Serviette komplettiert wird. Die größte dieser Schüsseln trägt den japanischen Namen „Zuhatsu". Sie steht für Buddhas Weisheit (Scherzbolde behaupten auch, sie stehe für den großen Bauch Buddhas) und ist bei uns als Buddha-Bowl bekannt geworden.

Eine klassische Buddha Bowl besteht aus mindestens 10 Zutaten. Bei der Gestaltung bist Du völlig frei, denn es gibt keine Vorgaben, was unbedingt hineingehört. Denkt man an das Ursprungsland, ist natürlich meist Reis eine Hauptzutat. Doch auch Quinoa oder Kartoffeln passen gut. Du kannst ganz nach Deinen persönlichen Vorlieben entscheiden. Schön und irgendwie passend ist es, sich beim Zubereiten einer Buddha-Bowl an den Grundgedanken der Mönche zu erinnern und Deine eigene achtsame „Õryõki-Zeremonie" zu zelebrieren.

Buddha-Bowls eignen sich nicht nur als Mittag- oder Abendessen. Mit Haferflocken und Früchten kannst Du schon ganz gesund, achtsam und bewusst in den Tag starten.

Burrito-Bowl

Wie ich in der Einleitung bereits geschrieben habe, ist das die „Mutter aller Bowls", die in einem amerikanischen Tex-Mex-Restaurant aus der Taufe gehoben wurde. Die Zutaten sind dabei dieselben, wie für den klassischen Burrito. Der einzige Unterschied ist, dass in der Regel auf den typischen Weizenfladen verzichtet wird. Stattdessen ist meist Reis die Basis. Dazu kommen Fisch oder Fleisch, Bohnen und Mais. Abgerundet wird das Ganze oft mit einer Guacamole, aber auch mit Sour Cream wird sie gerne getoppt. So eine Burrito-Bowl ergibt ein leckeres Mittag- oder Abendessen.

Fisch-Bowl

Der Name ist Programm und Fisch natürlich ein Hauptbestandteil. Ob Lachs, Forelle, Dorsch oder Kabeljau – das kommt ganz auf den persönlichen Geschmack an. Auch ob der Fisch roh oder gebraten in die Schüssel kommt, bleibt Geschmackssache. Neben Fisch kannst Du Reis oder Kartoffeln hinzufügen, dazu natürlich noch Gemüse nach Wahl. So kann die Fisch-Bowl entweder ein leichter Mittagsgenuss oder ein gehaltvolleres Abendessen werden.

Poke-Bowl

Auch wenn man dabei unwillkürlich an Pokemon erinnert wird, hat diese Bowl nichts mit den Figuren aus der bekannten Anime-Serie zu tun. Denn Poke (gesprochen „Pohkay") ist hawaiianisch und bedeutet so viel wie „in kleine Stücke geschnitten". Poke ist ein Fischsalat, der auf Hawaii schon fast ein Nationalgericht ist. Dafür wird ausschließlich roher Fisch – meist Lachs oder Thunfisch - verwendet, der mit Sojasoße und Sesamöl zubereitet wird. Dazu kommen noch Avocados, Sesamkörner, Zwiebeln und Ingwer. Als Variation können auch Garnelen oder Tintenfisch in den Salat. Dieses Grundrezept ist natürlich prädestiniert dafür, eine leckere Bowl zu werden. Die Basis dabei ist Reis, darauf kommen, neben Fisch, Toppings nach individuellem Geschmack. Die Poke-Bowl ist reich an Omega-3-Fettsäuren und Eiweiß und deshalb natürlich ein gesunder Genuss, der besonders gerne zu Mittag verspeist wird.

All diese Bowls haben viele Gemeinsamkeiten. So werden ausschließlich frische Zutaten verwendet, sie kommen ganz ohne Geschmacksverstärker und chemische Zusatzstoffe aus. Bei der Zusammenstellung kannst Du alles verwenden, wonach Dir der Sinn steht. Es gibt es kaum feste Regeln – außer den bereits erwähnten ungeschriebenen Gesetzen natürlich: Schön bunt, frisch und gesund soll es sein. Doch wenn Du Bowls liebst oder sie ausprobieren möchtest, dann ist Dir eine gesunde Ernährung ohnehin wichtig und Du achtest schon automatisch darauf, was in die Schüssel kommt. Die Zutaten werden klein geschnitten und anschließend kunstvoll und kreativ in der Schüssel angerichtet. Das kann ein äußerst meditativer Vorgang sein, der einem den Wert der Speisen durchaus bewusst macht. Gut möglich, dass Du Deine Bowl dadurch mit ganz anderen Augen siehst und sie auch bewusster genießt.

Die Bowls haben aber auch Unterschiede. So ist die meist süße Acai-Bowl beispielsweise ideal als Frühstück geeignet. Die Buddha-Bowl ist wohl die variabelste, denn wenn Du sie mit Früchten zubereitest, kann sie Dir zu einem guten Start in den Tag verhelfen. Da sich die Zen-Mönche vegetarisch ernähren, sind Fleisch und Fisch in einer Buddha-Bowl in der Regel nicht zu finden (es gibt natürlich

Ausnahmen). Meist werden die Bowls in asiatischen Restaurants als Alternative zu den fleischhaltigen Gerichten angeboten. Während der Fisch in den Fisch-Bowls sowohl roh als auch gebraten sein kann, muss der Fisch für die Poke-Bowls ausschließlich roh sein. Fleischliebhaber kommen dagegen bei der Burrito-Bowl voll auf ihre Kosten.

Vielleicht hast Du Deine Lieblings-Bowl schon längst gefunden. Aber was ist, wenn Du eine Diät machen möchtest? Musst Du dann etwa auf Bowls verzichten? Ich kann Dich beruhigen und erzähle Dir nun noch etwas mehr über „Diät-Bowls".

1.2 Sind Bowls für Diäten geeignet?

Bowls bieten Dir eine gesunde und abwechslungsreiche Ernährung. Die Kombination verschiedener Gemüsesorten, Früchte, Getreide, Kohlenhydrate, Fleisch und Fisch stellt sicher, dass Du gut mit wichtigen Vitaminen und Nährstoffen versorgt bist. Gesunde Ernährung ist aber nicht immer gleich kalorienarme Ernährung.

Vielleicht sind jetzt gerade bei dem Wort „Kohlenhydrate" in Deinem Kopf alle Alarmglocken gleichzeitig losgegangen. Aber keine Panik – Kohlenhydrate sind ja grundsätzlich nichts Schlechtes. Im Gegenteil, der Körper braucht sie sogar, um gut zu funktionieren. Doch, wie so oft im Leben, gilt auch hier: Die Dosis macht das Gift. Wenn Dein Ernährungsplan zum größten Teil aus Pizza, Pasta und Kartoffeln besteht, womöglich noch mit reichhaltigen Soßen, macht sich das natürlich irgendwann als Hüftgold bemerkbar. Das bedeutet nicht, dass Du gänzlich darauf verzichten musst und auch nicht solltest. Bei den Bowls verhält sich das ganz ähnlich. Wenn Du gerne Reis oder Kartoffeln magst, kannst Du sie natürlich als Basis verwenden. Möchtest Du abnehmen, solltest Du ihren Anteil etwas verringern. Auf die genaue Gewichtung gehe ich später in dem Buch noch ein.

Die gute Nachricht aber ist: Es gibt auch „gute" Kohlenhydrate, die Dir beim Abnehmen sogar noch behilflich sind. Dazu zählen zum Beispiel Süßkartoffeln, Quinoa, Vollkornreis und -nudeln, Haferflocken, Bulgur. Sie alle haben den Vorteil, dass sie Dich satt machen und dieses Sättigungsgefühl auch lange anhält. So kannst Du also auch während einer Diät ohne schlechtes Gewissen Kohlenhydrate in Deiner Bowl genießen. Eine Möglichkeit ist auch, an einem Tag „Low Carb" zu essen und am nächsten Tag dafür wieder Reis in die Bowl zu legen. Wie bei der gesamten Zusammenstellung Deiner Bowls, bist Du auch hier völlig frei in Deiner Entscheidung.

Der nächste wichtige Punkt ist die Wahl der richtigen Fette. Falls der Spruch „Fette machen fett" in Deinem Kopf herumspukt, verbanne ihn ganz schnell! Unser Körper benötigt sogar Fette, zum Beispiel für den Stoffwechsel und um die fettlöslichen Vitamine (A, D, E und K) aufnehmen zu können. Es gibt auch Fette, die Dich fit und schlank machen. Zu ihnen gehören die einfach ungesättigten Fettsäuren, wie sie beispielsweise in Olivenöl, Erdnüssen oder Avocados vorkommen. Bestimmt hast Du auch schon oft den Begriff „mehrfach ungesättigte Fettsäuren" gehört, das sind die sogenannten „essentiellen Fettsäuren". Wie der Name schon sagt, sind sie für den Körper lebenswichtig, denn er kann sie nicht selbst herstellen. Hier sind vor allem die Omega-3-Fettsäuren zu nennen, die in Fisch, Walnüssen oder Leinsamen enthalten sind. Übrigens befinden sich Omega-3-Fettsäuren auch in Walnuss- und Leinsamenöl. Auch diese Lebensmittel kannst Du also getrost in Deine Bowl packen.

Ob „Low Carb", „No Carb" oder „Eiweiß-Diät" - mit den vielseitigen Schüsseln ist alles möglich. Wie gesagt: es kommt eben ganz darauf an, welche Zutaten Du hineingibst und welche Du gerne isst. Denn eine Diät zu machen heißt nicht, dass Du auf Genuss verzichten musst. Wenn Du gerne Fisch isst, spricht beispielsweise nichts gegen eine lecker Poke-Bowl oder Fisch-Bowl als Mittag- oder Abendessen. Tatsächlich kann Dir beispielsweise eine Poke-Bowl durch den hohen Proteingehalt beim Abnehmen helfen. Denn so wird Dein Stoffwechsel ordentlich angekurbelt. Eine fruchtige Acai- oder Smoothie-Bowl zum Frühstück verhilft Dir zu einem guten Start in den Tag und versorgt Dich schon morgens mit wichtigen Vitaminen. Wegen ihrer Vielseitigkeit ist die Buddha-Bowl jedoch besonders beliebt bei Diäten. Diese „Super-Bowl" ist wahrlich ein Multitalent und kann, je nach Inhalt, zu allen Tageszeiten genossen werden.

Du siehst, Bowls sind perfekt, um etwas Abwechslung in Deine Diät zu bringen. Die smarten Schüsseln passen zu fast allen Diätplänen, eben, weil sie so vielseitig und abwechslungsreich gestaltet werden können. Beim Genuss der bunten Bowls hast Du niemals das Gefühl, auf etwas verzichten zu müssen. Lass Dich also von unseren Vorschlägen für leckere, kalorienarme Bowls inspirieren.

1.3 Die Basics

Nun bist Du auf dem besten Weg, ein Profi in Sachen Bowls zu werden! Das Schöne an ihnen ist ja, dass Du sie ganz nach Deinem eigenen Geschmack gestaltest. Du kannst zum Beispiel Rezepte variieren, einzelne Zutaten austauschen oder ganz eigene Bowls kreieren. Dennoch haben sich einige Lebensmittel einen festen Platz in fast 80 Prozent aller Bowls erobert. Dazu gehören unter anderem:

- Quinoa
- Vollkornreis
- Süßkartoffeln
- Avocado
- Salat
- Hirse
- Erbsen
- Tofu
- Gemüse (am besten nach Saison)
- Couscous
- Vollkornnudeln

Der Grund für dieses „Dauer-Abo" in einem Großteil der Bowls ist nicht nur ihr guter Geschmack, sondern auch ihr hoher Anteil an wichtigen Vitaminen und Nährstoffen. Doch was steckt in diesen Zutaten so alles drin? Nehmen wir als Beispiel die Buddha-Bowl. Ihre Standardzutaten könnten zum Beispiel so aussehen:

Basis: Feldsalat

Er ist reich an Eisen und Vitamin C.

<u>Kohlenhydrate</u>: Vollkornreis

Hier stecken mehrfach ungesättigte Fettsäuren drin, dazu noch die Vitamine B1 und B6, Magnesium, Phosphor und Niacin. On top hat Vollkornreis noch jede Menge Ballaststoffe, die lange satt halten.

<u>Gemüse</u>: Karotten, Tomaten, Rote Bete, Zucchini, Paprika, Broccoli

Karotten enthalten Beta-Carotinoide, die vom Körper in Vitamin A umgewandelt werden. Tomaten haben die Vitamine A, B1, C und E, dazu noch Kalium, Magnesium, Kalzium sowie Spurenelemente. Auch Rote Bete enthält Vitamin B und C, dazu Magnesium, Eisen, Phosphor, Kalium, Kalzium und Folsäure. Zucchini steckt ebenfalls voller wertvoller Mineralstoffe wie Magnesium, Kalzium und Eisen, dazu kommen noch Vitamin B und Provitamin A. Paprika und Broccoli sind wahre Vitamin C-Bomben.

<u>Proteine</u>: Tofu, Linsen, Kichererbsen, grüne Bohnen

Tofu enthält Vitamin B6, Folsäure und Kalzium. Vitamin E, Kalium, Kalzium, Magnesium, Phosphor und Zink stecken in Linsen. Kichererbsen punkten mit den Vitaminen A, B, C und E sowie Eisen, Zink und Magnesium. Als Zugabe verfügen sie noch über die essentiellen Aminosäuren Threonin und Lysin. Diese werden vom Körper für die Herstellung von Proteinen benötigt. In grünen Bohnen finden sich die Vitamine B2 und B6, dazu noch Kalium, Kalzium und Magnesium, zudem noch Beta-Carotin, das im Körper in Vitamin A umgewandelt wird.

<u>Fette</u>: Chia-Samen, Walnüsse

Chia-Samen enthalten die Vitamine B1 und E. Auch Walnüsse sind reich an Vitamin E, dazu noch Eisen, Kalzium, Zink und Magnesium.

Topping: Sonnenblumenkerne

Sie sind reich an Biotin, Vitamin B3 und B6.

Da kommt schon einiges an Vitaminen und Mineralstoffen zusammen. Und das sind ja nur die Lebensmittel, die hauptsächlich in Bowls zu finden sind. Du kannst natürlich nach Belieben noch weitere Lebensmittel hinzufügen.

Let's Get Started

2.1 Das Bowl-Baukasten-Prinzip

Bevor Du zur Tat schreiten kannst und Dir eine Bowl zauberst, kommen hier noch ein paar Eckpunkte über die Zusammensetzung der Bowls. Sie geben Dir einen Überblick, wie hoch der Anteil der einzelnen Zutaten ist.

Am obigen Beispiel hast Du ja schon gesehen, dass die Bowls alle nach einem bestimmten System zusammengestellt werden. Dieses Baukasten-Prinzip kannst Du jedoch nicht nur auf die Buddha-Bowls anwenden, es funktioniert auch bei einer Fisch- oder Burrito-Bowl.

Die Verteilung der Lebensmittel sieht meistens folgendermaßen aus:

- **Salat: ca. 10 %**
- **Kohlenhydrate: ca. 20 %**
- **Gemüse: ca. 30 %**
- **Proteine: ca. 20 %**
- **Fette: ca. 15 %**
- **Topping: ca. 5 %**

Diese Angaben sind natürlich nicht in Stein gemeißelt, sondern nur Richtlinien. Du kannst nach Belieben in einzelnen Gruppen entsprechend mehr oder auch weniger nehmen.

Möchtest Du morgens mit einer fruchtigen Bowl in den Tag starten, wirst Du sicher keine Salatblätter verwenden. Als Basis bieten sich dann beispielsweise Haferflocken an. Statt Gemüse nimmst Du Früchte und Joghurt oder Quark sind ein guter morgendlicher Protein-Boost. Den benötigten Anteil an Fetten deckst Du dann etwa mit Nüssen ab. Auch beim Topping kannst Du variieren, zum Beispiel mit Leinsamen oder Kokosflocken.

2.3 Wenn's mal schnell gehen muss

In der Regel sind Bowls schnell zubereitet. Doch Du weißt sicher aus eigener Erfahrung, dass man nach einem langen, stressigen Arbeitstag am liebsten die Beine hochlegen möchte und keine große Lust mehr hat, alle möglichen Zutaten zu schneiden und eventuell auch noch anzubraten. Das ist aber noch lange kein Grund, auf Deine liebgewonnene Bowl zu verzichten. Es gibt nämlich durchaus Tricks und Kniffe, um sie noch schneller zuzubereiten. Jetzt fragst Du Dich wahrscheinlich völlig zu Recht, ob bei den „Speed-Bowls" das Auge auch noch mitessen kann. Keine Angst, schnell zubereiten heißt nicht, alle Zutaten einfach in die Schüssel zu pfeffern und zu essen. Auch bei der schnelleren Variante kommt die Ästhetik nicht zu kurz. Denn die Bowl lebt ja von den kunstvollen Arrangements und die funktionieren auch, wenn die Zeit mal etwas knapper bemessen ist.

Für die schnellen Bowl-Varianten musst Du lediglich ein paar Dinge beachten:

1. Wähle Zutaten, die schnell garen. Zu dieser Kategorie gehören zum Beispiel Quinoa, Bulgur, Ei, Mie-Nudeln oder Couscous. Sie alle sind gute Energielieferanten.
2. Greife zu Gemüse, das nur kurz gedünstet werden muss. Du kannst beispielsweise wählen zwischen Paprika, Erbsen oder auch Zuckerschoten.
3. Verwende viel rohes Gemüse, zum Beispiel Tomaten, Karotten, Paprika oder Radieschen.
4. Toppings und Soßen nach Möglichkeit schon auf Vorrat zubereiten. Hier eignet sich Pesto besonders gut, aber auch Hummus oder geröstete Kürbiskerne.

Extra-Tipp: Wenn Du Cocktail-Tomaten verwendest und bei Paprika, Gurken und Karotten zu den kleinen Snack-Varianten greifst, musst Du nicht ganz so viel schneiden.

Mit diesen Zutaten kannst Du Bowls schon in ca. 15 Minuten zubereiten, denn eine kluge Zeiteinteilung ist hier das A und O:

1. Setze Quinoa, Couscous oder was immer Du als Grundlage verwendest, mit Wasser zum Kochen auf. Tipp: Couscous muss nur ein paar Minuten quellen – also ideal, wenn's schnell gehen muss.
2. Jetzt machst Du Dich daran, das Gemüse zu schneiden. Die Sorten, die du warm essen möchtest, einfach in einen Topf mit Wasser geben und kurz dünsten. Das Gemüse soll noch knackig sein.

3. Ist die Garzeit beendet, musst Du nur noch alle Zutaten in der Schüssel anrichten.

Das geht doch wirklich super schnell, nicht wahr? Da bleibt auch noch genügend Zeit, alles appetitlich in der Schüssel zu arrangieren.

Rezepte

Nun hast Du genug theoretisches Wissen über die Bowls gesammelt und es wird Zeit, diese Kenntnisse in der Praxis anzuwenden. Ich habe für Dich 120 leckere Rezepte zusammengestellt, die Dir zeigen, wie vielfältig die Welt der Bowls ist. Du kannst sie morgens, mittags und abends genießen. Und auch als Desserts sind Bowls ideal. Damit Du sie gut in Deine Diät integrieren kannst, bekommst Du natürlich für jedes Gericht auch die nötigen Nährwertangaben sowie Tipps, welche Bowl besonders gut in einen Diätplan passt.

Toppings und Dips sind das I-Tüpfelchen auf den Bowls. Sie verfeinern und runden das Ganze geschmacklich ab. Deshalb bekommst Du von mir auch noch Vorschläge für leckere Dips und Toppings, die Deine Bowls immer wieder anders schmecken lassen. So kommt garantiert keine Langeweile auf.

Apropos Langeweile: Hast Du Kinder, die bei Quinoa, Acai, Bulgur & Co. nur die Augen verdrehen und Bowls kategorisch als „zu gesund" ablehnen? Dann haben sie die Kids-Bowls noch nicht probiert. Verblüffe Deinen Nachwuchs mit Bowls, die schmekken und zeigen, dass gesund nicht automatisch auch langweilig sein muss.

Da Du im Alltag sicher, genau wie ich auch, einen straffen Zeitplan hast, habe ich die Rezepte in Kategorien eingeteilt. Die super schnellen Bowls stehen immer am Anfang, dann kommen Bowls, die ein wenig aufwändiger sind und zum Schluss die, die am meisten Zeit benötigen.

Nun will ich Dich aber nicht länger auf die Folter spannen, denn jetzt ist es höchste Zeit, zu „bowlen".

Frühstücks-Bowls

„Das Frühstück ist die wichtigste Mahlzeit des Tages."

Diesen Satz kennst Du bestimmt. Vielleicht hast Du ihn früher sogar von Deiner Mutter gehört, wenn Du mal wieder ohne Frühstück aus dem Haus wolltest. Ich selbst predige das meinen Kindern auch oft genug. Auch wenn es nervt, ist an diesem Satz, wie an fast jeder Binsenweisheit, trotzdem viel Wahres dran. Die Energiespeicher des Körpers sind morgens nämlich leer und damit Du genug Power für die Anforderungen des Tages hast, musst Du Deinem Körper wieder Energie zuführen – am besten in Form eines gesunden, abwechslungsreichen Frühstücks. Bowls mit ihren vielfältigen Zutaten sind da natürlichen ideal.

Weil ich aus eigener Erfahrung weiß, dass morgens jede Sekunde zählt, habe ich bewusst darauf geachtet, Dir viele Frühstücks-Bowls vorzuschlagen, die wirklich super schnell fertig sind. Da bleibt noch genügend Zeit zum Genießen und Du hast einen guten und stressfreien Start in den Tag.

Wenn Du am Wochenende ausschlafen und dann brunchen möchtest, solltest Du unbedingt mal einige der würzigen Frühstücks-Bowls ausprobieren, die ich Dir hier vorstelle. Die dauern zwar etwas länger in der Vorbereitung, doch dafür wirst Du mit jeder Menge Genuss entschädigt!

Himbeer-Frischkäse-Bowl

Energie	300 KCAL
Fett	10 G
Kohlenhydrate	13 G
Eiweiss	32 G

AUFWAND:

🍽️

DAUER:

ca. 5 Minuten

Zutaten für 1 Portion:
150 g Frischkäse, körnig
125 g Magerquark
125 g Himbeeren (frisch)
Evtl. Zimt, Agavendicksaft

ZUBEREITUNG

1. Für diese Power-Protein-Bowl verrührst Du Frischkäse und Magerquark zu einer geschmeidigen Creme. Wenn Du magst, kannst Du etwas Wasser zugeben, falls die Konsistenz noch zu fest ist.

2. Jetzt schmeckst Du die Creme mit Zimt und/oder Agavendicksaft ab.

3. Zum Schluss hebst Du einen Großteil der Himbeeren und den Leinsamen unter. Mit den restlichen Himbeeren garnierst Du Deine Bowl.

 **TIPP** Diese Bowl ist eine Protein-Bombe und lässt sich gut in einen Diätplan integrieren.

Vitamin-Bowl

Energie	322 KCAL
Fett	21 G
Kohlenhydrate	26 G
Eiweiss	8 G

AUFWAND:

🍽

DAUER:

ca. 5 Minuten

ZUBEREITUNG

Zutaten für 1 Portion:
200 g griechischer Joghurt (Natur)
¼ Kaki
¼ Granatapfel
1 EL Sanddornbeeren (gefriergetrocknet)
1 EL Haferflocken
50 g Banane
4 Walnusskernex

1. Der Joghurt bildet die Grundlage dieser vitaminreichen Bowl.
2. Arrangiere nun Kaki, Sanddornbeeren, Granatapfel und Banane in der Schüssel.
3. Walnusskerne und Haferflocken bilden das crunchy Topping.

Low-Carb-Bowl

Energie	301 KCAL
Fett	12 G
Kohlenhydrate	23 G
Eiweiss	29 G

AUFWAND:

DAUER:

ca. 5 Minuten

ZUBEREITUNG

Zutaten für 1 Portion:

250 g Skyr
45 ml Wasser
5 g gemahlene Floh-
samenschalen
7 g gehackte Haselnüsse
6 g Kakaonibs
5 g Kokosflocken
15 g Himbeeren
1 g Quinoa

1. Gib den Skyr in die Bowl und verrühre ihn mit Wasser und den Flohsamenschalen. Wenn Du es gerne süßer magst, gibst Du noch etwas Agavendicksaft dazu.
2. Lege Himbeeren, Chia-Samen, Kakaonibs, Kokosflocken, Haselnüsse und Quinoa in Reihen über die Skyr-Masse.

 **TIPP** Diese Bowl passt hervorragend in eine Low-Carb-Diät.

Quark-Bowl

Energie	230 KCAL
Fett	8 G
Kohlenhydrate	18 G
Eiweiss	28 G

AUFWAND:

DAUER:

ca. 5 Minuten

ZUBEREITUNG

Zutaten für 1 Portion:

200 g Magerquark
50 ml Milch
5 Erdbeeren
1 EL Heidelbeeren
5 g gehackte Haselnüsse
7 g Kokosflocken

1. Für diese schnelle Bowl verrührst Du Quark und Milch in einer Schüssel.
2. Heidelbeeren und Erdbeeren waschen und trocken tupfen. Halbiere die Erdbeeren.
3. Arrangiere Erdbeeren und Heidelbeeren auf der Quark-Milch-Masse und bestreue sie mit Haselnüssen und Kokosflocken.

TIPP Diese Bowl passt hervorragend in eine Low-Carb-Diät.

Porridge-Bowl

Energie	360 KCAL
Fett	13 G
Kohlenhydrate	28 G
Eiweiss	26 G

AUFWAND:

DAUER:

ca. 10 Minuten

ZUBEREITUNG

Zutaten für 1 Portion:

60 g Porridge
1 Apfel
1 EL geschroteter Lein-samen
1 EL Chia-Samen
120 ml Wasser
1 Prise Zimt

1. Bringe das Wasser im Wasserkocher oder in einem Topf zum Kochen. Gib das Porridge in Deine Bowl und übergieße es mit dem Wasser. Rühre um und lass es ca. 3 Minuten ziehen.
2. In der Zwischenzeit wäscht Du den Apfel und viertelst ihn. Einen Teil der Apfelstückchen raspelst Du und legst sie auf das Porridge.
3. Jetzt kommen noch Leinsamen und Chia-Samen dazu. Bestreue die Bowl noch mit etwas Zimt. Fertig!

 **TIPP** Diese Bowl ist kalorienarm und durch das Porridge macht sie super satt!

Cereal-Bowl

Energie	343KCAL
Fett	25 G
Kohlenhydrate	63 G
Eiweiss	8 G

AUFWAND:

DAUER:

ca. 10 Minuten

ZUBEREITUNG

Zutaten für 1 Portion:

20 g Haferflocken
10 g Haferpops
5 ml Kokoswasser
20 g Weintrauben
½ Apfel
½ Birne
1 Banane
5 g Rosinen
5 g Chia-Samen
5 g Leinsamen
1 TL Honig

1. Gib ungefähr die Hälfte der Haferpops in einen Plastikbeutel und zerbrösele sie. Dann füllst Du sie zusammen mit den Haferflocken in die Bowl und vermischt das Ganze mit dem Kokoswasser. Rühre den Honig ein.
2. Schneide das Obst klein und richte es auf der Basis an.
3. Die restlichen Haferpops gibst Du zusammen mit den Chia-Samen, Leinsamen und Rosinen als Topping auf die Bowl.

Feigen-Bowl

Energie	261KCAL
Fett	3 G
Kohlenhydrate	33 G
Eiweiss	26 G

AUFWAND:

🍽

DAUER:

ca. 10 Minuten

ZUBEREITUNG

Zutaten für *1* Portion:

200 g Magerquark
20 g gefrorene Heidelbeeren
30 g Granatapfel
1 Feige
30 g Banane
5 g Chia-Samen
2 TL Wasser

1. Gib die Blaubeeren zusammen mit dem Wasser in den Mixer und püriere sie.
2. Fülle den Quark in Deine Bowl und hebe die Beerenmasse unter.
3. Jetzt wäscht Du die Feige und schneidest sie in Scheiben. Die Banane schälen und ebenfalls in Scheiben schneiden. Löse die Kerne aus dem Granatapfel. Sei dabei vorsichtig, denn sie färben nicht nur Deine Hände, sondern geben auch Flecken auf der Kleidung!

4. Nun dekorierst Du Dein Quark-Beeren-Püree mit den Granatapfelkernen sowie den Feigen- und Bananenscheiben und streust die Chia-Samen darüber.

 **TIPP** Fettarm, aber reich an Protein – perfekt für eine Diät!

Mango-Müsli-Bowl

Energie	323 KCAL
Fett	16 G
Kohlenhydrate	29 G
Eiweiss	14 G

AUFWAND:

DAUER:

ca. 15 Minuten

ZUBEREITUNG

Zutaten für 1 Portion:

20 g Haferflocken
20 g gehackte Mandeln
30 g Mango
1 Feige
200ml Sojamilch
2 TL Agavendicksaft
1 Prise Zimt

1. Röste Haferflocken und Mandeln in einer Pfanne ohne Fett an. Füge Agavendicksaft und Zimt hinzu.
2. Fülle das Müsli in Deine Bowl und lasse es abkühlen.
3. In der Zwischenzeit schneidest Du die Mango in kleine Stücke.
4. Zum Schluss rührst Du den Sojadrink in das Müsli und garnierst das Ganze mit den Mangostückchen.

Matcha-Bowl

Energie	378KCAL
Fett	21 G
Kohlenhydrate	34 G
Eiweiss	5 G

AUFWAND:

DAUER:

ca. 15 Minuten

ZUBEREITUNG

Zutaten für *1* Portion:

1 Banane
30 g Sojajoghurt
60 ml Hafermilch
¼ Avocado
1 TL Matcha-Pulver
5 g Datteln
1 TL Haselnüsse
1 TL Kokosflocken

1. Am Vortag schälst Du die Banane und schneidest sie in Scheiben. Lege die Hälfte der Scheiben ins Gefrierfach.
2. Am nächsten Morgen schneidest Du die Avocado und die Datteln in kleine Stücke und gibst sie zusammen mit den gefrorenen Bananenscheiben und dem Matcha-Pulver in den Mixer. Jetzt kommen noch Sojajoghurt und Hafermilch dazu. Solange mixen, bis eine cremige Masse entstanden ist.
3. Fülle die Masse in die Schüssel und garniere sie mit der anderen Hälfte der Bananenscheiben. Haselnüsse und Kokosflocken kommen als Topping darüber.

Würzige Frühstücks-Bowl

Energie	400KCAL
Fett	20 G
Kohlenhydrate	40 G
Eiweiss	15 G

AUFWAND:

DAUER:

ca. 20 Minuten

ZUBEREITUNG

Zutaten für 1 Portion:

150 g gekochter Reis
7 g Chilipulver
1 Knoblauchzehe
2 Scheiben Bacon
2 Frühlingszwiebeln
1 EL Sesamöl
1 EL Sojasoße
1 Ei
1 Chilischote
1 Prise Salz

1. Als erstes hackst Du die Knoblauchzehe und die Chilischote so fein wie möglich. Schneide den grünen Teil der Frühlingszwiebeln klein und lege ihn beiseite. Die Zwiebeln schneidest Du in Ringe. Jetzt schneidest Du den Bacon in feine Streifen und brätst ihn knusprig an.

2. Gib die Zwiebelringe, die gehackte Knoblauchzehe und Chilischote dazu und lasse alles mit dem Sesamöl ungefähr eine Minute anschwitzen.

3. Nun fügst du den Reis hinzu. Brate alles ca. zwei Minuten an.

4. Richte alles in Deiner Bowl an und garniere sie mit den grünen Frühlingszwiebeln und der Chilischote.

 **TIPP**	Koche den Reis bereits am Vortag. So kannst Du Zeit zu sparen.

Golden Bowl

Energie	350 KCAL
Fett	10 G
Kohlenhydrate	45 G
Eiweiss	12 G

AUFWAND:

DAUER:

ca. 25 Minuten

ZUBEREITUNG

Zutaten für 1 Portion:

50 g Hirse
50 ml Sojamilch
1 Kiwi
1 Orange
10 g Mandeln
1 TL Ahornsirup
1 TL Kurkuma
¼ TL Ingwerpulver
¼ TL Zimt

1. Wasche die Hirse mit heißem Wasser und setze anschließend die Milch zum Kochen auf.

2. Gib die Hirse zusammen mit Kurkuma, Ingwerpulver und Zimt in die Milch. Lasse alles mit geschlossenem Deckel ca. 10 Minuten köcheln.

3. Jetzt ist Zeit, Kiwi und Orange zu schälen und zu schneiden.

4. Lasse die Hirse noch ca. 10 Minuten quellen und süße sie mit Ahornsirup.

5. Fülle die Hirse in Deine Bowl und garniere sie mit den Kiwi- und Orangenstücken sowie mit den Mandeln.

Süßkartoffel-Bowl

Energie	480 KCAL
Fett	27 G
Kohlenhydrate	44 G
Eiweiss	12 G

AUFWAND:

DAUER:

ca. 30 Minuten

ZUBEREITUNG

Zutaten für 1 Portion:

1 *Süßkartoffel*
130 g (gekochte)
Kichererbsen
½ Avocado
½ Aubergine
1 TL *Kreuzkümmel*
1 TL *Kurkuma*
1 TL *Paprikapulver*
1 TL *Kala Namak*
¼ TL *Cayennepfeffer*
1 *Prise Pfeffer*
1 *Knoblauchzehe*
1 TL *Zitronensaft*
2 TL *Sesampulver (Tahin)*

1. Heize den Backofen auf 200° (Ober- und Unter- hitze) vor. In der Zwischen- zeit viertelst Du Auber- gine und Süßkartoffel. Streue etwas Salz auf die Schnittflächen der Aubergine. Nach ca. 10 Minuten tupfst Du das Salz mit Küchenpapier ab. Mit der Schnittfläche nach unten legst Du nun die Auberginenstücke auf ein Backblech und stichst einige Male mit einer Gabel hinein. Streue etwas Salz und Pfeffer in eine Schüssel

und schwenke die Süßkartoffelstücke darin. Süßkartoffel und Aubergine bleiben ca. 20 Minuten im Backofen.

2. Nun zerdrückst Du die Kichererbsen mit einer Gabel und lässt sie ca. 5 Minuten in der Pfanne braten. Währenddessen schneidest Du die Knoblauchzehe fein, gibst etwas Wasser in eine Schüssel und rührst Kurkuma, Kümmel, Paprikapulver und Kala Namak hinein. Gib die Masse zu den Kichererbsen.

3. Nach 20 Minuten holst Du Auberginen und Süßkartoffel aus dem Backofen und gibst sie zusammen mit Sesampaste, Zitronensaft, Knoblauch, Kümmel und Cayennepfeffer in den Mixer. Schmecke die Masse mit Salz und Pfeffer ab.

4. Fülle alles in Deine Bowl und garniere sie mit der klein geschnittenen Avocado.

Super-Bowls

Nein, hier geht es nicht um Football! In diese Bowls kommen auch keine Chicken Wings oder Popcorn und Chips, sondern Vitamine und Nährstoffe in Form von Superfoods. Acai-Beeren, Goji-Beeren, Chia-Samen & Co. haben diesen Namen auch durchaus verdient, denn sie strotzen nur so vor Vitaminen und Nährstoffen, sind gewissermaßen Gesundheit zum essen. Omega-3-Fettsäuren, Antioxidantien, essentielle Fettsäuren, Ballaststoffe und Aminosäuren sind nur einige der wertvollen Inhaltsstoffe, dazu kommen noch zahlreiche Mineralien. Superfoods sind wegen ihrer wertvollen Inhaltsstoffe auch als Anti-Aging-Wunderwaffen bekannt und wichtige Verbündete auf dem Weg zur Traumfigur. Allerdings müssen es nicht immer die Exoten sein. Auch heimische Lebensmittel, wie Leinsamen, Heidelbeeren oder Hirse stecken voller wichtiger Vitamine und Mineralstoffe und gehören deshalb ebenso zu den Superfoods.

Entdecke also die Welt der Superfoods, die sicherlich bald auch zu Deinen Favoriten gehören werden!

Superfood-Bowl

Energie	285 KCAL
Fett	14 G
Kohlenhydrate	22 G
Eiweiss	27 G

AUFWAND:

🍽

DAUER:

ca. 5 Minuten

ZUBEREITUNG

Zutaten für 1 Portion:

200 g Skyr
50 ml Kokosmilch
5 g Chia-Samen
20 g Cranberries
50 g Heidelbeeren
50 g Banane

1. Zuerst schälst Du die Banane und schneidest sie in Scheiben.
2. Verrühre nun die Kokosmilch mit dem Skyr und hebe anschließend die Chia-Samen unter.
3. Nun hebst Du noch die Heidelbeeren und Cranberries unter. Dekoriere Deine Super-food-Bowl mit einigen Cranberries und Heidel-beeren.

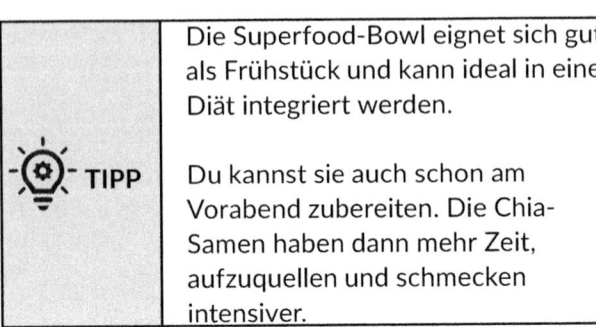

TIPP

Die Superfood-Bowl eignet sich gut als Frühstück und kann ideal in eine Diät integriert werden.

Du kannst sie auch schon am Vorabend zubereiten. Die Chia-Samen haben dann mehr Zeit, aufzuquellen und schmecken intensiver.

Acai-Bowl

Energie	308 KCAL
Fett	6 G
Kohlenhydrate	53 G
Eiweiss	17 G

AUFWAND:

🍴

DAUER:

ca. 10 Minuten

ZUBEREITUNG

Zutaten für *1* Portion:

1 TL Acai-Pulver
100 g Heidelbeeren
1 Banane
55 ml Mandelmilch
  (ungesüßt)
1 EL Knuspermüsli
1 EL Mango
1 EL Erdbeeren
1 Kiwi

1. Für diesen Frühstücks- Bowl-Klassiker schälst Du am Vorabend die Banane, schneidest sie in Scheiben und legst eine Hälfte davon ins Gefrierfach.

2. Am Morgen holst Du die Bananenscheiben aus dem Gefrierfach und schneidest Erdbeeren, Kiwi und Mango. Bananenscheiben und einen Teil der Heidelbeeren dann mit der Mandelmilch sowie dem Acai-Pulver in den Mixer geben und mixen, bis die Zutaten cremig geworden sind.

3. Fülle die Masse in Deine Bowl und garniere sie mit den restlichen Bananenscheiben, Blaubee-

ren, Erdbeeren, Kiwi- und Mangostückchen. Als Topping streust Du das Knuspermüsli über die Bowl.

 **TIPP**	Für die Acai-Bowl kannst Du sowohl Acai-Pulver als auch Acai-Püree verwenden. Letzeres ist in Deutschland allerdings nur schwer zu bekommen.

Berry-Super-Bowl

Energie	340 KCAL
Fett	9 G
Kohlenhydrate	45 G
Eiweiss	8 G

AUFWAND:

DAUER:

ca. 15 Minuten

ZUBEREITUNG

Zutaten für 1 Portion:

125 g Heidelbeeren
125 g Himbeeren
50 g Brombeeren
1 Banane
55 ml Mandelmilch
(ungesüßt)
1 EL Cashewkerne
1 EL Kokosraspeln
1 EL Chia-Samen

1. Am Vorabend schälst Du die Banane, schneidest sie in Scheiben und gibst sie ins Gefrierfach.
2. Am Morgen holst Du die Bananenscheiben aus dem Gefrierfach, wäscht die Beeren und tupfst sie trocken. Bananenscheiben, jeweils ca. 100 g Heidelbeeren und Himbeeren in den Mixer geben und pürieren. Bei Bedarf kannst Du ein bisschen Wasser zugeben.
3. Jetzt hackst Du die Cashewkerne grob. Anschließend füllst Du Dein Püree in die Bowl und garnierst sie mit den restlichen Beeren.

Cashewkerne, Kokosraspeln und Chia-Samen als Topping darüber streuen.

 **TIPP** Die Berry-Super-Bowl ergibt ein fruchtiges Frühstück.

Grüne Super-Bowl

Energie	235 KCAL
Fett	4 G
Kohlenhydrate	45 G
Eiweiss	5 G

AUFWAND:

DAUER:

ca. 15 Minuten

ZUBEREITUNG

Zutaten für 1 Portion:

½ Apfel
1 Banane
½ Kiwi
30 g Heidelbeeren
10 g Blattspinat
40 ml Kokosmilch
55 ml Mandelmilch
  (ungesüßt)
1 EL Mandelblättchen
1 EL Chia-Samen

1. Apfel, Kiwi und Banane werden geschält, der Apfel geviertelt, Kiwi und Banane in Scheiben geschnitten.
2. Die Apfelviertel gibst Du zusammen mit den Bananenscheiben, dem Spinat und der Kokosmilch in den Mixer und pürierst das Ganze.
3. Jetzt musst Du nur noch das Püree in die Bowl füllen, mit Kiwischeiben, Mandelblättchen und Chia-Samen toppen.

Nudel-Super-Bowl

Energie	465 KCAL
Fett	33 G
Kohlenhydrate	35 G
Eiweiss	9 G

AUFWAND:

🍽️

DAUER:

ca. 15 Minuten

ZUBEREITUNG

Zutaten für 1 Portion:

100 g Mie-Nudeln
½ Mango
½ Avocado
10 g Rucola
10 g Alfalfa
5 g Kürbiskerne
1 EL Erdnussbutter
etwas Essig und Öl
1 Prise Salz
1 Prise Pfeffer

1. Zerbrösele die Mie-Nudeln und übergieße sie mit kochendem Wasser. Lasse sie einige Minuten ziehen.
2. Inzwischen schälst und schneidest Du Mango und Avocado in kleine Stücke. Wasche den Rucola-Salat.
3. Nun kommen zuerst die Mie-Nudeln in die Bowl und darüber Mango, Avocado und Rucola. Alfalfa-Sprossen und Kürbiskerne streust Du darüber.
4. Jetzt musst Du nur noch aus Erdnussbutter, Essig und Öl das Dressing anrühren und mit Salz und Pfeffer abschmecken. Gib es über Deine Bowl und genieße!

Zucchini-Super-Bowl

Energie	137 KCAL
Fett	8 G
Kohlenhydrate	23 G
Eiweiss	7 G

AUFWAND:

DAUER:

ca. 20 Minuten

ZUBEREITUNG

Zutaten für 1 Portion:

½ Zucchini
1 Karotte
5 Cocktailtomaten
1 Chilischote
10 g getrocknete Tomaten (ohne Öl)
40 ml Kokosmilch
55 ml Mandelmilch (ungesüßt)
1 EL Pinienkerne
1 EL Pesto (grün)
1 TL Zitronensaft

1. Schneide Zucchini und Karotte in Streifen (das geht am besten mit einem Spiralschneider). Setze Wasser zum Kochen auf.

2. Wenn das Wasser kocht, kommen zuerst die Karottenstreifen hinein. Nach ca. 1 Minute gibst Du die Zucchini dazu und lässt alles einige Minuten garen.

3. Inzwischen wäscht und halbierst Du die Tomaten. Die getrockneten Tomaten und die Chilischote schneidest Du in Streifen.

4. Lasse die Zucchini- und Karottenstreifen abtropfen und lege sie in die Bowl. Garniere sie mit den Tomaten und der Chilischote. Streue Pinienkerne darüber.

5. Vermische Zitronensaft und Pesto und gib das Dressing auf die Bowl

 **TIPP** Diese Bowl ist in vielerlei Hinsicht super: Sie ist gesund und kalorienarm und enthält kaum Fett und Kohlenhydrate. Eine gute Wahl für eine Low-Carb-Diät.

Bunte Super-Bowl

Energie	365 KCAL
Fett	19 G
Kohlenhydrate	37 G
Eiweiss	9 G

AUFWAND:

DAUER:

ca. 20 Minuten

ZUBEREITUNG

1. Gib den Quinoa ins Wasser und lasse ihn aufkochen, dann ca. 10 Minuten ziehen lassen. Die Senfkörner röstest Du ohne Öl in einer Pfanne. Sie sind fertig, wenn sie springen. Zerdrücke sie am besten in einem Mörser.

2. Inzwischen wäscht und trocknest Du den Spinat und hackst die Mandeln. Die Avocado wird gewürfelt, die Radieschen werden gewaschen und in Scheiben geschnitten. Wasche noch die

Zutaten für 1 Portion:

50 g Quinoa
15 g Babyspinat
¼ Avocado
1 TL Mandeln (ganz)
1 TL Goji-Beeren
1 EL Heidelbeeren
1 EL Zitronensaft
1 EL Leinöl
¼ TL Senfsaat
1 Prise Salz
1 Prise Pfeffer
einige Blätter Basilikum
etwas Petersilie
200 ml Wasser

Heidelbeeren.

3. Jetzt kannst Du schon mal das Dressing anrühren. Basilikum und Petersilie werden gehackt und mit der Senfsaat vermengt. Verrühre die Mischung mit Zitronensaft und Leinöl und schmecke mit Salz und Pfeffer ab.

4. Dein Quinoa sollte jetzt fertig sein. Rühre das Dressing unter.

5. Fülle den Quinoa in Deine Bowl und garniere ihn mit Spinat, Mandeln, Avocado, Heidelbeeren und Radieschen.

Hirse-Super-Bowl

Energie	450 KCAL
Fett	39 G
Kohlenhydrate	50 G
Eiweiss	13 G

AUFWAND:

DAUER:

ca. 25 Minuten

ZUBEREITUNG

Zutaten für 1 Portion:

½ Zwiebel
70 g Radieschen
60 g Hirse
100 g gelbe Kirsch-
tomaten
30 g Babyspinat
½ Avocado
75 g Naturjoghurt
2 EL Olivenöl
½ TL mildes Curry-
Pulver
¼ TL Zucker
1 TL Balsamico (hell)
1 Prise Salz
1 Prise Pfeffer
250 ml Wassser

1. Schneide die Zwiebel in Streifen. Gib 2 EL Öl in einen Topf und brate die Zwiebeln darin ca. 3 Minuten bei mittlerer Hitze an. Gib Currypulver und Hirse zu, lasse alles kurz andünsten. Füge Wasser und Salz hinzu und lasse die Hirse quellen (Packungsanweisung beachten).
2. Währenddessen schneidest Du die Radieschen in dünne Scheiben, mischt sie mit Zucker, Essig

und Salz und lässt sie ca. 5 Minuten ziehen. Wasche Spinat und Tomaten. Die Tomaten in Viertel schneiden. Die Avocado schneidest Du in feine Scheiben.

3. Tomaten und Spinat mischt Du nun separat mit etwas Öl, Salz und Pfeffer.

4. Die Hirse müsste nun fertig sein. Lockere sie mit einer Gabel ein wenig auf und fülle sie in Deine Bowl. Garniere mit Radieschen, Spinatblättern und Avocado. Ein Klecks Joghurt bildet den krönenden Abschluss. Gib noch ca. ½ TL Öl auf den Joghurt und die Avocado. Guten Appetit!

Forellen-Super-Bowl

Energie	610 KCAL
Fett	30 G
Kohlenhydrate	50 G
Eiweiss	24 G

AUFWAND:

DAUER:

ca. 25 Minuten

ZUBEREITUNG

Zutaten für 1 Portion:

½ *Granatapfel*
½ *Avocado*
100 g *Rucola*
100 g *Reis*
1 *Räucherforelle*
50 g *saure Sahne*
½ *Zitrone*
1 EL *grünes Pesto*
1 TL *Meerrettich*
1 EL *Röstzwiebeln*
1 *Prise Salz*
1 *Prise Pfeffer*

1. Bringe in einem Topf Wasser zum Kochen und lasse darin den Reis nach Pakkungsanweisung garen.

2. Inzwischen löst Du vorsichtig die Kerne aus dem Granatapfel, schneidest die Avocado in Stücke und wäscht den Rucola. Presse die Zitrone. Die Forelle teilst Du in grobe Stücke.

3. Vermische jetzt die saure Sahne mit Meerrettich, Zitronensaft und Pesto. Schmecke mit Salz und Pfeffer ab.

4. Zeit, nach dem Reis zu sehen. Richte ihn in

Deiner Bowl an und garniere ihn mit Forelle, Rucola und Avocado. Das Topping bilden die Granatapfelkerne und Röstzwiebeln.

 **TIPP**	Wenn Du keine Forelle magst, kannst Du natürlich auch Räucherlachs verwenden. Als Low-Carb-Variante lässt Du einfach den Reis weg.

Super-Bowl mit Hähnchenbrust

Energie	550 KCAL
Fett	20 G
Kohlenhydrate	70 G
Eiweiss	25 G

AUFWAND:

DAUER:

ca. 30 Minuten

ZUBEREITUNG

Zutaten für *1* Portion:

70 g Quinoa
50 g Hähnchenbrust
½ Dose Kichererbsen
25 g Sesampaste
½ Avocado
20 g Blattspinat
½ Zitrone
1 TL schwarzer Sesam
1 TL Ahornsirup
1 TL Paprikapulver
1 TL Curry
1 TL Öl
1 TL Chilipulver
1 Prise Salz
1 Prise Pfeffer

1. Lasse den Quinoa in Salzwasser garen (Packungsanweisung beachten).
2. Währenddessen schneidest Du die Avocado in Spalten, wäschst den Spinat und presst die Zitrone aus.
3. Nun bereitest Du das Hähnchenbrustfilet vor. Wasche es und tupfe es gut trocken. Danach

schneidest Du es in Scheiben. Gib 1 EL Öl in eine Pfanne und brate es an. Salz, Curry und Chili verleihen die Würze.

4. Gieße jetzt die Kircherbsen ab und brate sie ebenfalls in Öl an. Schmecke mit Salz und Paprika ab.

5. Das Dressing bereitest Du mit Zitronensaft, Sesampaste und Ahornsirup zu. Gib etwas Wasser zu und rühre gut um. Schmecke mit Chilipulver und Pfeffer ab.

6. Jetzt wird angerichtet: Auf der Quinoa-Basis arrangierst Du Hähnchenbrust, Spinat, Kichererbsen und Avocado. Gib das Dressing darüber und füge den Sesam als Topping hinzu.

Super-Bowl mit Ei

Energie	500 KCAL
Fett	20 G
Kohlenhydrate	70 G
Eiweiss	19 G

AUFWAND:

DAUER:

ca. 30 Minuten

ZUBEREITUNG

1. Wasche den Quinoa und gib ihn zusammen mit dem Suppenwürfel in einen Topf mit Wasser und 15 Minuten kochen lassen.

Zutaten für 1 Portion:

100 g Quinoa
½ Suppenwürfel
100 g Cocktailtomaten
¼ Avocado
20 g Babyspinat
1 Ei
1 TL Rosmarin
1 TL Honig
1 TL Senf
1 EL Walnussöl
1 EL Balsamico
2 EL Wasser
1 Prise Salz
1 Prise Pfeffer
etwas Kresse

2. Inzwischen halbierst du die Cocktailtomaten, gibst etwas Olivenöl in eine Pfanne und brate die Tomaten darin an. Gib Honig und Rosmarin dazu der Zwischenzeit zerkrümelst Du den Tofu und schneidest die Paprikaschote klein.

Erhitze 1 TL Öl in einer Pfanne und gibt Tofu und Paprika dazu. Die Masse sollte ca. 15 – 20 Minuten köcheln.

3. In der Zwischenzeit erhitzt Du Olivenöl in einer weiteren Pfanne, schneidest die Avocado in kleine Stücke und brätst sie an.

4. Koche das Ei ca. 6 Minuten lang und bereite dann das Dressing zu. Mische Senf, Walnussöl, Balsamico und Wasser, schmecke mit Salz und Pfeffer ab.

5. Nun gibst Du den Babyspinat in die Bowl und bedeckst sie mit Quinoa, Avocado und Tomaten. Garniere mit Ei und Kresse.

Salat-Super-Bowl

Energie	570 KCAL
Fett	53 G
Kohlenhydrate	18 G
Eiweiss	11 G

AUFWAND:

DAUER:

ca. 30 Minuten

ZUBEREITUNG

Zutaten für 1 Portion:

½ Granatapfel
½ Avocado
30 g Blattsalat
1 TL Senfkörner
2 EL Olivenöl
10 g Pistazien
1 EL Sherryessig
1TL Honig
1 Prise Salz
1 Prise Pfeffer

1. Löse die Granatapfelkerne vorsichtig heraus und fange den Saft auf. Schneide die Avocado in Spalten, wasche den Salat und tupfe ihn trocken. Die Pistazien werden geschält und grob gehackt.

2. Gib ca. 1 EL des Granatapfelsaftes zusammen mit den Senfkörnern in eine kleine Schüssel. Nun kommen Honig, Olivenöl, Salz und Pfeffer dazu. Verquirle alles mit einem Schneebesen.

3. Nun gibst Du zuerst die Salatblätter in Deine Bowl und krönst sie mit den Avocadospalten und den Granatapfelkernen. Nun noch das Dressing darauf – guten Appetit!

 **TIPP** Diese Sattmacher-Salat-Bowl kannst Du gut während einer Diät genießen.

Smoothie-Bowls

Die Smoothie-Bowls gehören zu den absoluten Klassikern unter den Bowls. Sie sind nicht nur optisch ein Hochgenuss, sondern versorgen Dich auch mit jeder Menge wichtiger Vitamine und Mineralstoffe und sind ruckzuck im Mixer zubereitet. Bei der Kreation dieser Smoothies zum Löffeln sind Deiner Phantasie keine Grenzen gesetzt. Ob Superfoods oder regionales und saisonales Obst oder Gemüse – alles geht bei der Smoothie-Bowl.

Wer einmal auf den Geschmack gekommen ist, möchte seine Smoothie-Bowl nicht mehr missen. Deshalb bin ich mir sicher, dass auch Du sofort zum Fan wirst, wenn Du diese leckeren Bowls probiert hast.

Nun kann ich nur noch sagen: Ran an den Mixer und guten Appetit!

Joghurt-Smoothie-Bowl

Energie	375 KCAL
Fett	16 G
Kohlenhydrate	40 G
Eiweiss	8 G

AUFWAND:

DAUER:

ca. 10 Minuten

ZUBEREITUNG

Zutaten für 1 Portion:

½ Banane
Kiwi
100 g Heidelbeeren
100 g Himbeeren
100 g griechischer Joghurt
   (Natur)
1 TL Chia-Samen
1 TL Kokosraspeln
1 TL Haselnusskrokant

1. Wasche und schäle das Obst. Kiwi und Banane werden in Scheiben geschnitten. Hebe Dir jeweils etwas Obst für das Topping auf.
2. Gib den Joghurt zusammen mit dem Obst in den Mixer und püriere das Ganze.
3. Nun füllst Du Deine Bowl und dekorierst sie mit dem restlichen Obst. Der krönenden Abschluss ist das Topping aus Chia-Samen, Kokosraspeln und Haselnusskrokant.

Blue Power Smoothie-Bowl

Energie	441 KCAL
Fett	16 G
Kohlenhydrate	50 G
Eiweiss	14 G

AUFWAND:

🍽

DAUER:

ca. 10 Minuten

ZUBEREITUNG

Zutaten für 1 Portion:

100 g Naturjoghurt
1 Banane
1 TL Spirulina
1 EL Kokosflocken
¼ Mango
1 Physalis
1 EL Mandeln
1 TL Leinsamen

1. Schneide die Banane in Scheiben. Die Mango wird in Stücke geschnitten, die Physalis halbiert. Hebe ein paar Bananenscheiben für die Deko auf.
2. Gib den Joghurt in den Mixer, dazu Banane, Mango und Spirulina und püriere es zu einer homogenen Creme.
3. Nun füllst Du Deine Bowl und toppst sie mit Bananenscheiben, Physalis, Mandeln und Leinsamen.

Beerige Smoothie-Bowl

Energie	282 KCAL
Fett	8 G
Kohlenhydrate	39 G
Eiweiss	11 G

AUFWAND:

DAUER:

ca. 15 Minuten

ZUBEREITUNG

Zutaten für *1* Portion:

½ *Apfel*
½ *Banane*
½ *Orange*
60 g Himbeeren
50 g Erdbeeren
3 g frischer Ingwer
1 EL Mandeln
1 TL Leinsamen

1. Wasche und schäle das Obst. Die Orange wird gewürfelt, die Erdbeeren halbierst Du, den Apfel schneidest Du in Spalten, die Banane in Scheiben. Der Ingwer wird fein gehackt.
2. Gib den Joghurt in den Mixer, dazu jeweils die Hälfte der Obstorten sowie den Ingwer und püriere das Ganze.
3. Nun füllst Du Deine Bowl und dekorierst sie mit dem restlichen Obst. Den krönenden Abschluss bildet das Topping aus Mandeln und Leinsamen.

 **TIPP** Wenig Kalorien, aber reich an Vitaminen – ideal für Deinen Diätplan!

Popeye-Smoothie-Bowl

Energie	350 KCAL
Fett	27 G
Kohlenhydrate	21 G
Eiweiss	6 G

AUFWAND:

DAUER:

ca. 15 Minuten

ZUBEREITUNG

Zutaten für 1 Portion:

½ Banane
½ Avocado
50 g Babyspinat
½ Kiwi
50 g Himbeeren
2 EL Mandeln
1 TL Chia-Samen
50 ml Wasser

1. Schäle die Banane und schneide sie in Stücke. Löse die Schale von der Avocado und schneide sie ebenfalls klein. Brause den Spinat kurz ab.
2. Püriere Banane, Spinat und Avocado unter Zugabe von Wasser im Mixer.
3. Jetzt wäscht Du die Himbeeren, schälst und schneidest die Kiwi.
4. Fülle den Smoothie in die Bowl und garniere sie mit Kiwi und Himbeeren. Mandeln und Chia-Samen kommen als Topping oben drauf.

Tropische Smoothie-Bowl

Energie	63 KCAL
Fett	4 G
Kohlenhydrate	39 G
Eiweiss	10 G

AUFWAND:

DAUER:

ca. 15 Minuten

ZUBEREITUNG

Zutaten für 1 Portion:

1 Orange
½ Mango
½ Banane
50 g Himbeeren
3 Physalis
100 g Naturjoghurt
10 ml Wasser
1 TL Agavendicksaft
1 EL Pistazien
1 EL Amaranth
etwas Minze

1. Orange, Banane und Mango schälen und schneiden. Achtung: Entferne die weiße Haut der Orange, sie kann bitter sein! Gib das Obst zusammen mit dem Joghurt in den Mixer.
2. Himbeeren, Wasser und Agavendicksaft gibst Du nun in ein hohes Gefäß und pürierst alles mit dem Stabmixer.
3. Jetzt wäscht Du die Himbeeren, schälst und schneidest die Kiwi.
4. Fülle den tropischen Smoothie in die Bowl, gib das Himbeerpüree dazu und verziere die Bowl

mit den Physalis und der Minze. Amaranth und Pistazien bilden das leckere Topping.

 **TIPP** Diese fruchtige Bowl macht satt, ist kalorienarm und eignet sich deshalb gut für Diäten.

Schoko-Smoothie-Bowl

Energie	300 KCAL
Fett	3 G
Kohlenhydrate	60 G
Eiweiss	6 G

AUFWAND:

🍽️

DAUER:

ca. 15 Minuten

Zutaten für 1 Portion:

2 Bananen
100 ml Mandelmilch
2 EL Kakaopulver
50 g Erdbeeren
1 EL Kokosflocken

ZUBEREITUNG

1. Schneide die Bananen in Scheiben und wasche die Erdbeeren, die anschließend halbiert werden.
2. Mandelmilch und eine Banane zusammen mit Kakaopulver in den Mixer geben und pürieren.
3. Fülle Deinen Smoothie in die Bowl und toppe mit Bananenscheiben, Erdbeeren und Kokosflocken.

Superfood-Smoothie-Bowl

Energie	491 KCAL
Fett	46 G
Kohlenhydrate	50 G
Eiweiss	13 G

AUFWAND:

🍴◉🍴

DAUER:

ca. 15 Minuten

ZUBEREITUNG

Zutaten für *1* Portion:

1 *Banane*
8 *Physalis*
1 *Mango*
1 *Orange*
½ *Avocado*
30 g *Heidelbeeren*
1 *Zitrone*
100 ml *Milch*
40 g *Magerquark*
1 EL *Kakaonibs*
1 EL *Chia-Samen*
2 EL *Kokosraspel*
Sirup oder Honig

1. Los geht's mit dem Schälen und Schneiden des Obstes. Nimm 4 Physalis und halbiere sie. Banane und Mango in Stücke schneiden, die Hälfte der Orange in Scheiben. Schneide die Avocado in Stücke. Ca. 1/3 der Mango wird gewürfelt, der Rest bleibt in Stücken. Die Heidelbeeren tupfst Du nach dem Waschen nur leicht trocken.

2. Jetzt kommt die Milch zusammen mit den Bananenstücken und den Physalis in den

Mixer. Wenn alles gut zerkleinert ist, hebst Du den Quark sowie die Avocado- und Mangostücke unter. Presse die Zitrone und die übrige Orange aus und gib den Saft in den Mixer. Süße nach Belieben mit etwas Honig oder Sirup.

3. Fülle Deinen Smoothie in die Schüssel. Du kannst die Orangenscheiben wie einen Fächer anordnen. Den Rest der Zutaten arrangierst Du in Reihen.

Pink-Power-Smoothie-Bowl

Energie	383 KCAL
Fett	30 G
Kohlenhydrate	24 G
Eiweiss	6 G

AUFWAND:

DAUER:

ca. 15 Minuten

ZUBEREITUNG

Zutaten für 1 Portion:

½ Banane
30 g Heidelbeeren
30 g Himbeeren
30 g Brombeeren
100 g TK-Beerenmix
100 ml Kokosmilch
1 EL gehackte Hasel-Nüsse
1 EL Kokosraspeln
Honig oder Agavendick.saft

1. Der Beeren-mix kommt zusammen mit der Kokos-milch, der Banane sowie dem Honig (Agaven-dicksaft) für ca. 30 Sekunden in den Mixer..

2. Das war's auch schon. Fülle den Smoothie in Deine Schüssel und wasche die Beeren, die Du als Deko verwenden möchtest.

3. Garniere Deinen Smoothie mit den Beeren sowie den Nüssen und Kokosraspeln.

 **TIPP** Wenn Du es noch kühler und frischer haben möchtest, legst Du die Banane einfach am Vortag ins Gefrierfach.

Vitamin-Smoothie-Bowl

Energie	375 KCAL
Fett	21 G
Kohlenhydrate	36 G
Eiweiss	10 G

AUFWAND:

DAUER:

ca. 15 Minuten

ZUBEREITUNG

Zutaten für 1 Portion:

1 Mango
50 g TK-Beerenmix
150 g griechischen Joghurt
70 ml Mandelmilch
5 EL Haferflocken
1 EL gehackte Hasel-Nüsse
1 EL Erdbeeren

1. Schäle die Mango und schneide sie. Einen Teil der Stücke legst Du für das Topping beiseite.
2. Beerenmix, Mango, Joghurt und Mandelmilch werden im Mixer zusammen mit den Haferflocken püriert.
3. Nun kommt Dein Smoothie in die Bowl und wird mit Erdbeeren und Haselnüssen dekoriert.

Acai-Smoothie-Bowl

Energie	195 KCAL
Fett	8 G
Kohlenhydrate	33 G
Eiweiss	4 G

AUFWAND:

DAUER:

ca. 15 Minuten

ZUBEREITUNG

1. Schäle die Banane und schneide sie in Stücke.

Zutaten für 1Portion:

½ Apfel
1 Banane
½ Kiwi
30 g Heidelbeeren
10 g Blattspinat
40 ml Kokosmilch
55 ml Mandelmilch
(ungesüßt)
1 EL Mandelblättchen
1 EL Chia-Samen

2. Die Banane zusammen mit dem Beerenmix, Kokoswasser und Acai-Pulver im Mixer pürieren.
3. Für das Topping schälst Du die Mango, schneidest sie und wäscht die Heidelbeeren.
4. Gib Deinen Smoothie in die Schüssel und dekoriere ihn mit Heidelbeeren, Goji-Beeren und Kokosraspeln.

Kernige Smoothie-Bowl

Energie	385 KCAL
Fett	21 G
Kohlenhydrate	34 G
Eiweiss	14 G

AUFWAND:

DAUER:

ca. 20 Minuten

ZUBEREITUNG

Zutaten für 1Portion:

10 g Walnusskerne
10 g Haselnüsse
20 g Mandeln
20 g kernige Hafer-Flocken
½ grüner Apfel
150 g Sojajoghurt
2 EL TK-Heidelbeeren
1 EL Agavendicksaft
1 Prise Zimt

1. Heize den Backofen auf 150° Umluft bzw. 180° Ober- und Unterhitze. Hacke Nüsse und Mandeln klein und vermische sie in einer Schüssel mit Zimt, Agavendicksaft und Haferflocken. Gib die Mischung auf ein Backblech (Backpapier nicht vergessen!) und lasse sie ca. 10 Minuten bakken.

2. Währenddessen gibst Du den Sojajoghurt zusammen mit den Heidelbeeren in eine Schüssel und pürierst alles mit dem Pürierstab.

3. Der Apfel wird gewaschen und geviertelt. Nun

holst Du Dein selbstgemachtes Granola aus dem Backofen.

4. Fülle die Soja-Heidelbeeren-Mischung in Deine Bowl und garniere mit Granola und den Apfelvierteln.

Knusprige Smoothie-Bowl

Energie	220 KCAL
Fett	15 G
Kohlenhydrate	12 G
Eiweiss	8 G

AUFWAND:

DAUER:

ca. 20 Minuten

ZUBEREITUNG

Zutaten für 1 Portion:

150 g Naturjoghurt (fettarm)
30 g Himbeeren
10 g Heidelbeeren
15 g Banane
15 g Apfel
10 g Haferflocken
5 g Mohn
1 TL Kürbiskerne
1 EL gehackte Mandeln
1 TL Walnusskerne
1 TL Agavendicksaft

1. Wasche das Obst. Schneide den Apfel in Spalten, die Banane in Scheiben. Lege Dir ein paar Beeren, Apfelspalten und Bananenscheiben für das Topping zur Seite.
2. Die restlichen Früchte gibst Du jetzt mit dem Joghurt in den Mixer und pürierst alles.
3. Süße Deinen Smoothie mit Agavendicksaft und fülle ihn in die Bowl. Dekoriere Deine Bowl mit den Früchten, Mohn, Nüssen, Haferflocken und Kürbiskernen.

 **TIPP** Diese Smoothie-Bowl ist perfekt für eine Low-Carb-Diät!

Lunch-Bowls

Bowls sind das perfekte Mittagessen. Sie sind meist schnell zubereitet, liegen nicht schwer im Magen und dank der geballten Ladung an Vitaminen hast Du genug Power, um Deinen Alltag mit links zu meistern. Das Schöne ist, dass Du auch bei den Lunch-Bowls völlig frei entscheiden kannst, was in Deine Schüssel soll. Für die Mittagspause im Büro eine leichte Salat-Bowl, eine Bowl im Asia-Style, Bowls mit Fisch, mit Fleisch – Du hast die Qual der Wahl!

Ich habe Dir eine kleine Auswahl aus dem riesigen Lunch-Bowl-Repertoire zusammengestellt und wünsche Dir guten Appetit!

Fitness-Bowl

Energie	347 KCAL
Fett	28 G
Kohlenhydrate	13 G
Eiweiss	9 G

AUFWAND:

DAUER:

ca. 10 Minuten

ZUBEREITUNG

Zutaten für 1 Portion:

150 g griechischer Joghurt
100 g Gurke
100 g Radieschen
50 g schwarze Oliven
1 Knoblauchzehe
1 TL Olivenöl
1 TL geschroteter Leinsamen
1 TL weißer Sesam
1 Prise Meersalz
1 Prise Pfeffer

1. Schäle die Knoblauchzehe und schneide sie. Wasche die Radieschen und halbiere sie. Die Gurke schneidest Du in dünne Scheiben.
2. Nun gibst Du den Joghurt in Deine Bowl und presst den Knoblauch hinein. Verrühre alles mit dem Olivenöl und schmecke mit Salz und Pfeffer ab.
3. Garniere Deine Salat-Bowl mit Radieschen, Gurke und Oliven. Als Topping kommen Leinsamen und Sesam obenauf.

 **TIPP** Diese Smoothie-Bowl ist perfekt für eine Low-Carb-Diät!

Serrano-Salat-Bowl

Energie	250 KCAL
Fett	22 G
Kohlenhydrate	4 G
Eiweiss	9 G

AUFWAND:

DAUER:

ca. 15 Minuten

ZUBEREITUNG

Zutaten für *1* Portion:

30 g Babyspinat
30 g Rucola
30 g Mangold
½ Avocado
40 g Serrano-Schinken
25 g Physalis
20 g Granatapfel
1 TL weißer Sesam
2 EL Avocadoöl
1 Prise Meersalz
1 Prise Pfeffer

1. Wasche Rucola, Mangold und Spinat und lasse sie abtropfen. Die Avocado schneidest Du in dünne Scheiben. Die Physalis werden halbiert. Löse vorsichtig die Kerne aus dem Granatapfel.

2. Jetzt zupfst Du die Salatblätter klein und legst sie in eine Schüssel. Gib die Physalis dazu und mische alles mit dem Avocadoöl durch. Schmecke mit Salz und Pfeffer ab.

3. Nun gibst Du die Salatblätter mit den Physalis in Deine Bowl. Garniere die Blätter mit den Avocadoscheiben. Lege den Schinken darauf

und gib Granatapfelkerne und Sesam als Topping dazu.

 **TIPP** Diese Bowl passt prima in einen Diätplan.

Vitamin-Bowl

Energie	567 KCAL
Fett	43 G
Kohlenhydrate	27 G
Eiweiss	11 G

AUFWAND:

DAUER:

ca. 20 Minuten

ZUBEREITUNG

Zutaten für 1 Portion:

150 g Grünkohl (frisch)
100 g Süßkartoffel
100 g Kirschtomaten
100 g Avocado
2 EL Olivenöl
1 Prise Salz
1 Prise Pfeffer
1 Prise Paprikapulver
1 Prise Kurkumapulver

1. Heize den Backofen auf 150° vor. Inzwischen schälst Du die Süßkartoffel und schneidest sie in kleine Stücke. Dann kommt sie auf das mit Backpapier bedeckte Backblech und für ca. 10 bis 15 Minuten in den Ofen.

2. Nutze die Backzeit, um den Grünkohl zu waschen und lass ihn abtropfen. Die Tomaten werden ebenfalls gewaschen und halbiert. Den Grünkohl und die Tomaten kannst Du schon mal in die Bowl legen.

3. Mische das Olivenöl mit Salz, Pfeffer, Paprika und Kurkuma und verrühre alles gut. Gib das Öl über Grünkohl und Tomaten mische alles

gut durch. Jetzt kommen die Avocadoscheiben dazu und zu guter Letzt die warmen Süßkartoffelstücke.

 **TIPP** Diese Bowl passt prima in einen Diätplan.

Energy-Bowl

Energie	350 KCAL
Fett	26 G
Kohlenhydrate	28 G
Eiweiss	8 G

AUFWAND:

DAUER:

ca. 20 Minuten

ZUBEREITUNG

1. Spüle den Quinoa unter fließendem Wasser ab. Dann lässt Du ihn in einem Topf ca. 10

Zutaten für 1 Portion:

30 g Quinoa
½ Avocado
20 g Blattspinat
20 g Romanosalat
10 gRucola
½ Apfel
¼ Orange
5 Mandeln
1TL Chia-Samen
1 TL Radieschensprossen
1 TL Olivenöl
1 Prise Salz
etwas Limettensaft

Minuten köcheln. Er sollte bissfest sein. Gieße dann das Wasser ab und lasse den Quinoa im Topf etwas auskühlen. Dann kannst Du ihn mit dem Limettensaft und etwas Salz abschmekken.

2. Wasche die Salatblätter und lasse sie abtropfen. Avocado und Apfel werden geschält und in dünne Scheiben bzw. kleine Stücke geschnit-

ten. Die Orange wird filetiert, die Radieschensprossen gewaschen. Mische Apfel, Orange
und Mandeln.

3. Nun gibst Du zuerst den Salat in Deine
Bowl. Darauf kommt der Quinoa sowie der
Obstsalat. Garniere die Bowl mit den Avo-
cadoscheiben und gibt Chia-Samen und
Radieschensprossen als Topping darüber.

 **TIPP** Auch diese Bowl ist ideal für eine
Low-Carb-Diät!

Broccoli-Quinoa-Bowl

Energie	360 KCAL
Fett	22 G
Kohlenhydrate	25 G
Eiweiss	11 G

AUFWAND:

DAUER:

ca. 20 Minuten

ZUBEREITUNG

Zutaten für *1* Portion:

30 g Quinoa
½ Avocado
50 g Broccoli
30 g Rote Bete (roh)
¼ Orange
20 g Radicchio
5 g Alfalfa
5 g Radieschensprossen
1 EL Limettensaft
1 EL Olivenöl
1 EL Kürbiskerne
1 Prise Salz
1 Prise Pfeffer

1. Spüle den Quinoa unter fließendem Wasser ab. Dann lässt Du ihn in einem Topf ca. 10 Minuten köcheln. Er sollte bissfest sein. Gieße dann das Wasser ab und lasse den Quinoa im Topf etwas auskühlen. Dann kannst Du ihn mit dem Limettensaft und etwas Salz abschmekken.

2. Wasche den Broccoli und löse die Röschen vom Stiel. Lasse ihn in einem Topf mit Wasser kurz dämpfen. Die Avocado wird in Schei-

ben geschnitten, die Rote Bete geschält und ebenfalls in Scheiben geschnitten. Nun noch die Orange in kleine Stücke schneiden und den Radicchio waschen und abtropfen lassen. Wasche die Radieschensprossen.

3. Nun füllst Du alles in Deine Bowl, träufelst Olivenöl darüber und bestreust das Ganze mit den Sprossen und den Kürbiskernen.

Hähnchen-Bowl

Energie	580 KCAL
Fett	39 G
Kohlenhydrate	15 G
Eiweiss	8 G

AUFWAND:

DAUER:

ca. 20 Minuten

ZUBEREITUNG

1. Die Hähnchenbrust wird gewaschen, trocken getupft und mit Salz und Pfeffer gewürzt. Wasche jetzt Salat, Tomaten und Radieschen. Halbiere die Tomaten und schneide die Radieschen in Scheiben.

2. Nun verrührst Du Honig und Senf mit Salz und Pfeffer., gibst Olivenöl dazu, verquirlst alles mit dem Schneebesen und fügst währenddessen den Balsamico hinzu. Schmecke das Dressing mit Zitronensaft ab.

Zutaten für 1 Portion:

120 g Hähnchenbrust
50 g Romanosalat
20 g Feldsalat
2 Radieschen
5 Kirschtomaten
1 TL Honig
1 TL scharfer Senf
1 EL Balsamico
4 EL Olivenöl
2 EL Zitronensaft
1 Prise Salz
1 Prise Pfeffer
etwas Kresse

3. Erhitze Olivenöl in einer Pfanne und brate darin die Hähnchenbrust an. Wenn das Fleisch goldbraun ist, schneidest Du es in dünne Scheiben.

4. Lege den Salat zuerst in die Bowl, dann kommen Tomaten und Radieschen und zuletzt die Hähnchenbrust. Zum Schluss kommt die Kresse als Topping auf die Hähnchenbrust-Bowl.

 **TIPP** Du kannst die Hähnchenbrust-Bowl perfekt in eine Diät einbauen!

Couscous-Bowl

Energie	517 KCAL
Fett	23 G
Kohlenhydrate	59 G
Eiweiss	21 G

AUFWAND:

DAUER:

ca. 25 Minuten

ZUBEREITUNG

1. Erhitze den
   Orangensaft
   in einem Topf.
   Würze mit
   Salz, Pfeffer
   und Rapsöl.
2. Gib den Cous-
   cous in eine
   Schüssel und
   übergieße ihn mit dem kochenden Orangensaft und lasse ihn zugedeckt stehen.
3. Jetzt Tomate, Gurke, Salat und Weintrauben waschen. Die Tomate wird gewürfelt,
   die Gurke in dünne Streifen geschnitten. Die
   Weintrauben werden halbiert, die Avocado in

Zutaten für 1 Portion:

100 g Orangensaft
50 g Couscous
1 EL Rapsöl
½ Tomate
½ Gurke
40 g Feldsalat
10 g Weintrauben
½ Avocado
1 Ei
1 EL Essig
1 EL Naturjoghurt
1 TL Mandeln
Etwas Schnittlauch
1 Prise Salz
1 Prise Pfeffer

Streifen geschnitten.

4. Stelle zwei kleine Pfannen auf den Herd. In der einen brätst Du ein Spiegelei, in der anderen röstest Du die Mandeln ohne Öl bei mittlerer Hitze.

5. Nun richtest Du den Salat in der Bowl an und dekorierst ihn mit Couscous, Gurke, Tomate und Weintrauben. Das Ei und der Joghurt kommen obenauf. Zum Abschluss streust Du Schnittlauch über die Bowl.

Pasta-Bowl Asia-Style

Energie	516 KCAL
Fett	4 G
Kohlenhydrate	96 G
Eiweiss	20 G

AUFWAND:

DAUER:

ca. 20 Minuten

ZUBEREITUNG

Zutaten für *1* Portion:

130 g Vollkornspaghetti
60 g Fenchel
60 g Karotte
80 g Mangold
2 Knoblauchzehen
1 kl. Stück Ingwer
Chiliflocken
1 EL Sesam
3 EL Kokosöl
Basilikumblätter
etwas Sojasoße

1. Koche die Spaghetti. In der Zwischenzeit schneidest Du Fenchel, Mangold und Karotte in kleine Stücke. Den Knoblauch kannst Du entweder klein schneiden oder pressen, der Ingwer wird geschnitten.

2. Erhitze das Kokosöl in einer Pfanne und röste Knoblauch. Fenchel, Karotte und Ingwer darin. Die restlichen Früchte gibst Du jetzt mit dem Joghurt in den Mixer und püriere alles.

3. Gib jetzt die Nudeln und den Mangold ebenfalls in die Pfanne und schmecke mit Sojasoße und Chiliflocken ab. Richte die Nudeln in Dei-

ner Bowl an und gib Sesam und Basilikum als Topping dazu.

Reis-Curry-Bowl

Energie	430 KCAL
Fett	21 G
Kohlenhydrate	49 G
Eiweiss	8 G

AUFWAND:

DAUER:

ca. 25 Minuten

ZUBEREITUNG

Zutaten für 1 Portion:

50 g Basmatireis
½ Zwiebel
125 g TK-Gemüse
1 EL Öl
11 TL rote Currypaste
¼ Dose Kokosmilch
1 TL Zitronensaft

1. Koche den Reis wie gewohnt.
2. Inzwischen schneidest Du die Zwiebel, erhitzt Öl in einem Topf und gibst die Zwiebel hinein. Dazu kommt die Currypaste, dann das Ganze ca. 2 Minuten dünsten. Lösche mit der Kokosmilch ab. Gib das TK-Gemüse dazu und lasse alles bei mittlerer Hitze ca. 3 Minuten köcheln. Schmecke mit Salz, Pfeffer und Zitronensaft ab.
3. Fülle den Reis in die Bowl und richte die Gemüsemischung darauf an.

Burrito-Bowl

Energie	724 KCAL
Fett	35 G
Kohlenhydrate	49 G
Eiweiss	46 G

AUFWAND:

DAUER:

ca. 25 Minuten

ZUBEREITUNG

Zutaten für 1 Portion:

75 g Rucola
½ rote Paprikaschote
90 g Kidneybohnen
90 g schwarze Bohnen
75 g Mais
¼ rote Peperoni
2 EL Olivenöl
150 g Rinderhackfleisch
½ Tomate
½ Zwiebel
½ Avocado
1 TL Limettensaft
1 Prise Salz
1 Prise Pfeffer
1 Prise Paprikapulver
(edelsüss)

1. Wasche Rucola, Tomate und Paprikaschote. Tomate und Zwiebel werden gewürfelt, die Paprika in Streifen geschnitten. Bohnen und Mais separat in einem Sieb abtropfen lassen. Schneide die Peperoni in Streifen. Schneide die Avocado in Stücke und zerdrücke sie mit einer Gabel.

2. Erhitze nun das Olivenöl in einem Topf und

brate das Hackfleisch darin an (immer wieder umrühren!). Würze mit Salz, Pfeffer und Paprikapulver.

3. Für die Guacamole mischt du die Avocado mit den Zwiebel- und Tomatenwürfeln und schmeckst mit Limettensaft, Salz, Pfeffer und Paprikapulver ab.

4. Lege den Rucola in Deine Bowl und gib Bohnen, Mais und Paprika dazu. Das Hackfleisch kommt dazu, die Guacamole bildet das Topping.

 **TIPP** Die "Mutter aller Bowls" kannst Du auch mit Hähnchenbrust oder ganz ohne Fleisch zubereiten. Statt der Guacamole eignet sich beispielsweise auch Sour Cream als Dip.

Spargel-Bowl

Energie	473 KCAL
Fett	30 G
Kohlenhydrate	6 G
Eiweiss	42 G

AUFWAND:

DAUER:

ca. 30 Minuten

ZUBEREITUNG

> Zutaten für 1 Portion:
>
> *150 g* Hähnchenbrust
> *½* Avocado
> *200 g* grüner Spargel
> *½* Limette
> *1 EL* Olivenöl
> *1 EL* Sojasoße
> *1 TL* Thymian
> *1 Prise Salz*
> *1 Prise Pfeffer*

1. Wasche die Hähnchen- brust und tupfe sie trocken. Presse die Limette aus. Aus Olivenöl, Limettensaft und Sojasoße bereitest Du eine Marinade, die Du mit Salz und Pfeffer abschmeckst. Lasse die Hähnchenbrust ca. 15 Minuten darin ziehen.
2. Wasche den Spargel und schneide die Avo- cado in Scheiben.
3. Brate das Fleisch in einer Grillpfanne an. Nach ca. 5 Minuten solltest Du es wenden, dann Spargel und Avocado dazu geben. Ide- alerweise sollten Röststreifen zu sehen sein. Schneide die Hähnchenbrust in Streifen.

4. Richte den Spargel in der Bowl an, gib Hähnchenbrust und Avocado dazu.

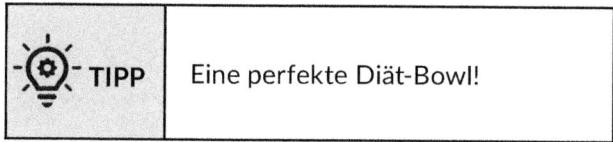

TIPP Eine perfekte Diät-Bowl!

Garnelen-Bowl

Energie	410 KCAL
Fett	9 G
Kohlenhydrate	49 G
Eiweiss	30 G

AUFWAND:

DAUER:

ca. 30 Minuten

ZUBEREITUNG

Zutaten für 1 Portion:

200 g Garnelen (TK oder frisch)
¼ Ananas
½ rote Paprikaschote
½ rote Zwiebel
1 Knoblauchzehe
75 g Basmatireis
1 EL Öl
1 EL Chilisoße
1 Prise Salz
1 Prise Pfeffer
etwas Basilikum

1. Koche den Reis wie gewohnt.
2. In der Zwischenzeit schneidest Du die Ananas in Scheiben und die Paprika in Streifen. Die Zwiebeln in Ringe schneiden, den Knoblauch fein hacken.
3. Erhitze Öl in einer Pfanne und brate Paprika und Zwiebeln darin ca. 5 Minuten an. Gib jetzt die Ananas dazu und brate alles für weitere 2 Minuten an. Schmecke mit Salz und Pfeffer ab.
4. Nimm eine zweite Pfanne und erhitze 2 EL Öl darin. Lasse die Garnelen darin ca. 3 Minuten

braten. Kurz vor Ende gibst Du den Knoblauch dazu. Jetzt kommt noch die Chilisoße dazu, würze mit Salz und lass alles einmal aufkochen. Wasche das Basilikum und schüttle es trocken.

5. Fülle den Reis in Deine Bowl und richte Ananas, Paprika und Garnelen darauf an. Garniere mit Basilikum.

Poke-Bowls

Die Poke-Bowls sind ein weiterer Trend, der aus den USA seinen Siegeszug um die Welt angetreten hat. Auf Hawaii ist „Poke" ein Nationalgericht. Das Wort bedeutet „in Stücke geschnitten". Gemeint ist damit der Fisch, der Hauptbestandteil von Poke ist. Er wird mit Sojasoße und Sesamöl mariniert. Die Hawaiianer verwenden traditionell Thunfisch oder Lachs. Inzwischen gibt es unzählige Variationen von Poke-Bowls, die alle eines gemeinsam haben: sie schmecken einfach köstlich. Es gibt kein festes Rezept. Was alles hinein soll, bestimmt derjenige, der die Bowl kreiert. Poke-Bowls sind ein gelungenes Beispiel für „Fusion Cooking", denn sie sind die perfekte Mischung von japanischer und hawaiianischer Cuisine.

Wenn Du Sushi magst, wirst Du die Poke-Bowls lieben. Bevor Du Deine erste Poke-Bowl zauberst, hier noch zwei Tipps: Kaufe nur qualitativ hochwertigen Fisch. Dafür gehst Du am besten in ein Fachgeschäft und sagst, dass er roh zubereitet wird. Wenn Du es Dir etwas einfacher machen willst, kannst Du dort auch gleich die Haut entfernen und den Fisch würfeln lassen. Eigentlich sind die Poke-Bowls schnell zubereitet. Bedenke aber, dass die Marinade mindestens 30 Minuten einziehen muss.

Aloha, Poke-Bowls!

Lachs-Poke-Bowl

Energie	784 KCAL
Fett	53 G
Kohlenhydrate	52 G
Eiweiss	30 G

AUFWAND:

DAUER (reine Arbeitszeit):

ca. 20 Minuten

ZUBEREITUNG

Zutaten für 1 Portion:

100 g Lachs
100 g Reis
1 cm Ingwer
½ Knoblauchzehe
1 EL Sojasoße
1 EL Sesamöl
1 TL Reisessig
1 TL Honig
1 Frühlingszwiebel
10 g Algen (z.B. Wakame)
1 kl. Karotte
½ Avocado
½ Gurke
1 TL Sesam

1. Knoblauch und Ingwer werden fein gehackt, die Frühlingszwiebel in dünne Ringe geschnitten. Jetzt vermischt Du alles mit Sojasoße, Reisessig, Chiliflocken, Honig und Sesamöl zu einer würzigen Marinade, die Du über den gewürfelten Lachs gibst. Stelle den marinierten Lachs für 30 Minuten in den Kühlschrank.
2. Koche den Reis wie gewohnt und lasse die

Algen nach Packungsanleitung quellen.

3. Inzwischen röstest Du den Sesam ohne Öl in einer Pfanne bei mittlerer Hitze. Von der halben Avocado würfelst Du die eine Hälfte, die andere schneidest Du in Scheiben. Die Gurke wird in Scheiben, die Karotte in Streifen geschnitten.

4. Fülle den Reis zuerst in die Bowl und bedecke ihn mit dem Lachs. Das Gemüse kommt darüber und wird mit dem Sesam bestreut.

Thunfisch-Poke-Bowl

Energie	614 KCAL
Fett	25 G
Kohlenhydrate	69 G
Eiweiss	42 G

AUFWAND:

DAUER (reine Arbeitszeit):

ca. 20 Minuten

Zutaten für 1 Portion:
150 g Frischkäse, körnig
125 g Magerquark
125 g Himbeeren (frisch)
Evtl. Zimt, Agavendicksaft

ZUBEREITUNG

1. Stelle aus Sojasoße, Reisessig, Reiswein, Sesamöl und Chilisoße eine Marinade her. Gib sie über den gewürfelten Thunfisch und stelle ihn ca. 30 Minuten in den Kühlschrank.
2. Nun kochst Du den Reis wie gewohnt.
3. Schneide Karotte und Gurke in kleine Stücke. Der Chinakohl wird in Streifen geschnitten. Würfle die Avocado und presse den Limettensaft darüber.
4. Röste den Sesam in einer Pfanne ohne Öl bei mittlerer Hitze.
5. Fülle den Reis als Basis in Deine Bowl und dekoriere Gemüse und Thunfisch darauf.

Bestreue alles mit dem gerösteten Sesam.

 **TIPP**	Ersetzt Du den Reis durch Salat, sparst Du Kalorien und kannst die Poke-Bowl auch während einer Diät genießen (gilt übrigens für alle Poke-Bowls mit Reis).

Poke-Bowl mit Garnelen

Energie	370 KCAL
Fett	22 G
Kohlenhydrate	11 G
Eiweiss	22 G

AUFWAND:

DAUER:

ca. 25 Minuten

ZUBEREITUNG

Zutaten für 1 Portion:

60 g Cocktailtomaten
20 g Rucola
¼ Knoblauchzehe
7 g Parmesan
170 g grüner Spargel
1 EL Olivenöl
125 g Riesengarnelen
(küchenfertig)
¼ Zitrone
½ Avocado
1 Prise Salz
1 Prise Pfeffer

1. Wasche zuerst das Gemüse und den Rucola. Die Tomaten halbieren. Eventuell holzige Enden vom Spargel abschneiden. Schneide den Spargel in ca. 5 cm große, schräge Stücke. Die Avocado schneidest Du in Scheiben. Knoblauch fein hacken.
2. Erhitze etwas Öl in einer Pfanne und dünste den Spargel ca. 5 Minuten bei mittlerer Hitze. Würze mit Salz und Pfeffer.
3. Nun die Garnelen waschen und trocken tupfen. Gib noch etwas Öl in die Pfanne, brate die

Garnelen darin ca. 4 Minuten. Nach 2 Minuten Knoblauch zugeben (dabei immer wenden). Schmecke mit Salz, Pfeffer und Zitronensaft ab.

4. Bedecke die Bowl zuerst mit Rucola und gib dann den Spargel dazu. Garniere mit Garnelen und Gemüse. Parmesan gibt ein aromatisches Topping.

 **TIPP** Dies ist eine kalorienarme Variante der Poke-Bowl, die gut in einen Diätplan passt.

Poke-Bowl mit Meeresfrüchten

Energie	427 KCAL
Fett	10 G
Kohlenhydrate	59 G
Eiweiss	20 G

AUFWAND:

DAUER:

ca. 25 Minuten

ZUBEREITUNG

Zutaten für 1 Portion:

50 g Naturjoghurt
1 TL süßer Senf
2 EL Sojasoße
2 EL Limetttensaft
1 EL Reisessig
1 TL Honig
Pfeffer
1 Frühlingszwiebel
25 g Zuckerschoten
50 g Ramen-Nudeln
1 Noriblatt
50 g TK-Meeresfrüchte
1 EL Olivenöl
15 g Rettich-Kresse
1 TL Hanfsamen

1. Für das Dressing mischt Du Joghurt, Senf, 1 EL Sojasoße, 1 EL Limettensaft, Essig und Honig. Mit Pfeffer abschmecken.

2. Nun wäscht Du das Gemüse in kleine Stücke. Paprika, Noriblatt und Zuckerschoten werden in Streifen geschnitten, die Frühlingszwiebel in Ringe.

3. Koche die Nudeln nach Anweisung.

4. Die Meeresfrüchte waschen und trocken tupfen. Erhitze Öl in einer Pfanne und brate sie ca. 5 bis 8 Minuten an. Träufle noch etwas Zitronensaft darüber.

5. Befülle Deine Bowl zuerst mit den Nudeln und dekoriere mit Paprika, Zuckerschoten und Meeresfrüchten. Als Topping gibt es Hanfsamen, Kresse und Nori.

Oktopus-Poke-Bowl

Energie	473 KCAL
Fett	30 G
Kohlenhydrate	6 G
Eiweiss	42 G

AUFWAND:

DAUER:

ca. 35 Minuten

ZUBEREITUNG

Zutaten für 1 Portion:

100 g Tintenfisch
¼ Kopf Rotkohl
100 g Reis
1 Frühlingszwiebel
½ Mango
2 Radieschen
¼ Gurke
2 EL Sojasoße
1 EL Sesam
1 TL Sambal Oelek
2 EL Limettensaft

1. Lass Dir im Geschäft die Fangarme vom Tintenfisch abtrennen. Mische Sojasoße und Limettensaft und lege sie ca. 30 Minuten darin ein (Kühlschrank).
2. Koche den Reis nach Packungsanweisung.
3. Nun wäscht Du das Gemüse und schneidest es in feine Scheiben.
4. Erhitze etwas Öl in der Pfanne und brate die Fangarme darin insgesamt 6 Minuten an. Nach 3 Minuten wenden und mit Sojasoße und Limettensaft beträufeln. Du kannst die Fangarme entweder in kleine Stücke schneiden

oder ganz lassen.

5. Befülle die Schüssel mit Reis und lege Gemüse und Oktopus darauf. Vermische den Rest der Marinade mit dem Sambal Oelek und gib es über die Bowl.

Spicy Poke-Bowl

Energie	425 KCAL
Fett	23 G
Kohlenhydrate	23 G
Eiweiss	27G

AUFWAND:

DAUER:

ca. 30 Minuten

ZUBEREITUNG

Zutaten für 1 Portion:

100 g Lachsfilet
15 ml Sojasoße
1 TL Reisessig
3 EL Sriracha
1 TL Sesamöl
75 g Reis
1 EL griechischer Joghurt
1 Frühlingszwiebel
¼ Avocado
¼ Gurke
3 Radieschen
50 g Wakame-Algen

1. Mische die Marinade aus Essig, Sesamöl, Sojasoße und etwas Sriracha. Gib sie über den gewürfelten Lachs und stelle ihn in den Kühlschrank.
2. Koche den Reis nach Packungsanleitung.
3. Schneide Radieschen und Gurke in dünne Scheiben. Die Avocado wird gewürfelt. Den grünen Teil der Frühlingszwiebel schneidest Du in feine Ringe.
4. Vermische den Joghurt mit der restlichen Sri-

racha.

5. Befülle Deine Bowl zuerst mit dem Reis und garniere mit Radieschen, Gurke, Avocado und natürlich dem Lachs. Die Zwiebelringe und Algen toppen das Ganze.

Meerforellen-Poke-Bowl

Energie	475KCAL
Fett	22 G
Kohlenhydrate	29 G
Eiweiss	36 G

AUFWAND:

DAUER:

ca. 30 Minuten

ZUBEREITUNG

Zutaten für 1 Portion:

100 g Meerforelle
¼ Avocado
75 g brauner Reis
1 TL Sojasoße
1 TL Sesamöl
1 EL Reisweinessig
ca. 1 cm Ingwer
½ Knoblauchzehe
1 Frühlingszwiebel
1 kl. Karotte
Koriander
1 EL Sesam

1. Bereite die Marinade aus Soja-soße, Sesamöl, klein geschnittenem Ingwer, gehacktem Knoblauch und Essig. Bedecke damit die gewürfelte Meerforelle und lasse alles im Kühlschrank durchziehen.

2. Schneide die Frühlingszwiebel in feine Ringe. Die Karotte raspelst Du, der Koriander wird grob gehackt.

3. Setze Wasser in einem Topf auf und lasse den Reis nach Anweisung kochen.

4. Würfle nun die Avocado kurz vor dem Anrich-

ten, damit das Fruchtfleisch nicht braun wird.

5. Befülle die Bowl mit Reis und bette Meerforelle und Gemüse darauf. Jetzt noch das Topping aus Sesam und Koriander darüber und genießen!

Papaya-Poke-Bowl

Energie	473 KCAL
Fett	30 G
Kohlenhydrate	6 G
Eiweiss	42 G

AUFWAND:

DAUER:

ca. 30 Minuten

ZUBEREITUNG

1. Erhitze das Öl in einer Pfanne, hacke den Knoblauch fein und lasse ihn zusammen mit den Gambas ca. 2 Minuten braten. Sobald die Gambas rot werden, Pfanne von der Platte ziehen. Schneide die Frühlingszwiebel in feine Ringe und schmecke mit Salz und Pfeffer ab. Inzwischen das Ei ca. 6 Minuten kochen lassen.

2. Würfle die Avocado. Löse die Kerne aus der Papaya und lege sie beiseite. Schneide die

Zutaten für 1 Portion:

100 g Gambas
½ Knoblauchzehe
1 EL Avocadoöl
1 Frühlingszwiebel
½ Avocado
½ Papaya
1 Ei
½ Zitrone
50 g Romanasalat
Zucker
Salz
Pfeffer
essbare Blüten

Papaya in kleine Stücke.

3. Für das Dressing pellst Du zuerst das Ei. Gib es zusammen mit den Papayakernen, etwas Papaya-Fruchtfleisch, Avocadoöl, etwas Zukker, Salz und Pfeffer in den Mixer. Presse Zitronensaft dazu und püriere alles fein.

4. Wasche den Salat, schüttle ihn trocken und bette die Blätter in die Bowl. Lege Papayastücke und Gambas darüber und garniere mit Dressing. Als Hingucker toppst Du das Ganze mit den Blüten.

Broccoli-Poke-Bowl

Energie	433 KCAL
Fett	19 G
Kohlenhydrate	43 G
Eiweiss	25 G

AUFWAND:

DAUER:

ca. 30 Minuten

ZUBEREITUNG

Zutaten für 1 Portion:

100 g Sobanudeln
50 g Broccoli
50 g Mango
50 g Papaya
½ Chilischote
50 g Gurke
80 g Lachs
1 Limette
Sojasoße
Fischsoße
1 EL Sesamöl
2 EL Rote-Bete-Saft
1 EL Naturjoghurt
1 EL Sesam
Tabasco
Algen
Rettich-Sprossen
Kresse

1. Stelle eine Marinade aus Limetten-saft, Sojasoße, Fischsoße und Sesamöl her. Über die Lachswürfel geben und für 30 Minuten ab in den Kühl-schrank.

2. Rühre den Joghurt mit Rote-Bete-Saft an und schmecke mit Salz, Pfeffer und Tabasco ab.

3. Putze den Broccoli, löse die Röschen vom

Strunk und koche ihn in Salzwasser bissfest.
Schneide Mango und Papaya in kleine Stücke.
Schneide die Gurke in Streifen und entkerne
die Chilischote.

4. Nun füllst Du die Bowl mit Sobanudeln. Darauf kommen Mango, Papaya, Broccoli und Lachs. Gib die Rote-Bete-Soße darüber. Getoppt wird mit Algen, Sesam, Sprossen und Kresse.

Zitronengras-Poke-Bowl

Energie	520 KCAL
Fett	30 G
Kohlenhydrate	32 G
Eiweiss	26 G

AUFWAND:

DAUER:

ca. 30 Minuten

ZUBEREITUNG

Zutaten für 1 Portion:

100 g Sushi-Reis
100 g Thunfisch
½ Avocado
1 Stange junges Zitronengras
2 EL Sesam
1 EL Sojasoße
ca. 1 cm Ingwer
2 TL Limettensaft
1 Prise Salz
1 Prise Pfefferc

1. Bereite die Marinade aus Sojasoße, 1 EL Sesamöl, 1 TL Limettensaft und kleingeschnittenem Ingwer. Gib sie über den gewürfelten Thunfisch und lasse ihn im Kühlschrank ziehen.
2. Koche den Reis nach Packungsanweisung.
3. Wasche das Zitronengras und hacke es. Würfle die Avocado und träufle etwas Limettensaft darüber.
4. Fülle den Reis in die Bowl und bedecke ihn mit Avocado und Thunfisch. Gib den Rest der Marinade darüber und toppe mit Sesam und Zitronengras.

Quinoa-Poke-Bowl

Energie	660 KCAL
Fett	37 G
Kohlenhydrate	36 G
Eiweiss	32 G

AUFWAND:

DAUER:

ca. 30 Minuten

ZUBEREITUNG

1. Bereite die Marinade aus klein geschnittenem Ingwer, Sojasoße und Sesamöl. Bedecke damit die Lachswürfel und lass sie im Kühlschrank ziehen.

2. Setze Wasser auf und lasse den Quinoa nach Anweisung quellen. Inzwischen schneidest Du die Frühlingszwiebel in feine Ringe, die Zucchini wird in Scheiben geschnitten. Wasche den Rucola.

3. Gib die Edamame in einen Topf mit kochendem Salzwasser und lasse sie ca. 5 Minuten darin köcheln. In einem anderen Topf mit Salz-

Zutaten für 1 Portion:

100 g Lachs
½ Avocado
ca. 1 cm Ingwer
50 g Quinoa
1 Frühlingszwiebel
40 g Edamame
1 kl. Zucchini
1 EL Sojaso0e
30 g Rucola
1 EL weißer Sesam
1 EL schwarzer Sesam

wasser wird die Zucchini blanchiert.

4. Fülle die Bowl zuerst mit Rucola. Darüber
    kommt der Reis. Darauf bettest Du Zucchini,
    Edamame und Lachs. Getoppt wird mit wei-
    ßem und schwarzem Sesam.

Sushi-Poke-Bowl

Energie	573 KCAL
Fett	36 G
Kohlenhydrate	29 G
Eiweiss	28 G

AUFWAND:

DAUER:

ca. 30 Minuten

ZUBEREITUNG

Zutaten für 1 Portion:

100 g Sushi-Reis
½ Avocado
100 g Lachsfilet
Sojasoße
Salz
Pfeffer
1 EL weißer Sesam

1. Koche den Reis nach Anleitung. Der Lachs wird in Streifen geschnitten.
2. Wasche den Spargel und schneide die Avocado in Scheiben.
3. Schneide die Avocado in Scheiben.
4. Fülle den Reis in die Bowl und bette Lachs und Avocado-Scheiben darauf. Bestreue ihn mit dem Sesam. Stelle etwas Sojasoße in einer kleinen Schale zum Dippen bereit.

 **TIPP** Clean und pur kommt diese Poke-Bowl-Variante im Asia-Style daher.

Buddha-Bowls

Buddha-Bowls gehören zu den beliebtesten Schüssel-Gerichten überhaupt. Sie sind unglaublich vielseitig und passen immer. Ausnahmsweise haben sie ihren Weg zu uns nicht über die USA, sondern über Japans Zen-Klöster gefunden. Bei den Mönchen sind sie Teil ihres Speiserituals, hierzulande sind sie zum Inbegriff des „Clean Eatings" geworden.

Die Rezepte, die nun folgen, sind nur ein kleiner Querschnitt durch die große, weite Welt der Buddha-Bowls und sollen Dir als Anregung dienen. Noch ein heißer Tipp: Sie eignen sich auch hervorragend zur Resteverwertung.

Lass Dich von den Bowls mit dem fernöstlichen Touch inspirieren!

Avocado-Buddha-Bowl

Energie	327 KCAL
Fett	18 G
Kohlenhydrate	43 G
Eiweiss	8 G

AUFWAND:

DAUER:

ca. 15 Minuten

ZUBEREITUNG

Zutaten für 1 Portion:

1 kl. Karotte
1 kl. Zucchini
100 g Kirschtomaten
¼ Avodaco
30 g Blattsalat nach Wahl
¼ Rotkohl
¼ Zitrone
1 TL Honig
1 TL süßer Senf
1 EL Olivenöl
Salz
Pfeffer
1 EL Granatapfelkerne
1 EL Sonnenblumenkerne

1. Wasche zunächst das Gemüse und den Salat. Die Karotte wird gehobelt, die Zucchini geraspelt. Die Tomaten halbierst Du, während Du die Avocado in Scheiben schneidest. Der Rotkohl wird geviertelt. Löse vorsichtig die Granatapfelkerne heraus. Zerrupfe die Salatblätter grob.
2. Presse die Zitrone aus und rühre mit Honig, Olivenöl und Senf das Dressing an. Mit Salz und Pfeffer abschmecken.

3. Bette den Salat in die Bowl und bedecke ihn mit dem Gemüse. Gib das Dressing darüber und bestreue die Bowl mit Sonnenblumen- und Granatapfelkernen.

 **TIPP** Diese Buddha-Bowl passt perfekt in einen ausgewogenen Diätplan.

Zoodle-Buddha-Bowl

Energie	170 KCAL
Fett	8 G
Kohlenhydrate	13 G
Eiweiss	7 G

AUFWAND:

DAUER:

ca. 15 Minuten

ZUBEREITUNG

Zutaten für **1** Portion:

1 Zucchini
1 Karotte
5 Cocktailtomaten
1 Chilischote
*1 **EL** getrocknete Tomaten*
30 g Kopfsalat
*1 **EL** Pinienkerne*
*1 **EL** grünes Pesto*

1. Putze Zucchini und Karotte und schneide beide mit einem Spiralschneider in lange Streifen – so dass sie wie Nudeln aussehen.
2. Setze Wasser auf und gib zuerst die Karottenstreifen hinein. Nach ca. 60 Sekunden folgen die „Zoodles". Lasse alles ein paar Minuten kochen.
3. Inzwischen wäscht und halbierst Du die Cocktailtomaten. Die Chilischote sowie die getrockneten Tomaten schneidest Du in Streifen. Wasche den Kopfsalat und zerrupfe ihn grob.
4. Lege die Salatblätter in die Bowl. „Zoodles",

Karottenstreifen und Tomaten kommen darauf. On top das Pesto und die Pinienkerne.

 **TIPP**	Eine perfekte Buddha-Bowl für eine Diät!

Nudel-Buddha-Bowl

Energie	410 KCAL
Fett	42 G
Kohlenhydrate	45 G
Eiweiss	18 G

AUFWAND:

DAUER:

ca. 15 Minuten

ZUBEREITUNG

Zutaten für 1 Portion:

50 g Mie-Nudeln
½ Avocado
½ Mango
20 g Rucola
1 EL Alfalfa
1 EL Kürbiskerne
1 EL Erdnussbutter
Salz
Pfeffer
Essig
Öl

1. Zerbrösle die Mie-Nudeln in einer Schüssel, übergieße sie mit kochendem Wasser und lasse sie ein paar Minuten ziehen.
2. Wasche den Salat und schneide Mango und Avocado in kleine Stücke.
3. Lass die Nudeln abtropfen. Bedecke die Bowl mit dem Rucola, gib die Nudeln darauf und arrangiere Mango und Avocado.
4. Bereite das Dressing aus Salz, Pfeffer, Essig, Öl und Erdnussbutter und gib es über die Bowl. Toppe das Ganze mit Kürbiskernen und Alfalfa.

Couscous-Buddha-Bowl

Energie	414 KCAL
Fett	1,5 G
Kohlenhydrate	84 G
Eiweiss	11 G

AUFWAND:

DAUER:

ca. 15 Minuten

ZUBEREITUNG

Zutaten für 1 Portion:

100 g Couscous
½ Süßkartoffel
30 g Grünkohl
5 Kirschtomaten
Thymian
1 TL Honig
1 TL Thymian
Essig
Öl
Pfeffer
Salz
Zitronensaft

1. Übergieße den Couscous mit kochendem Wasser (doppelte Menge) und lasse ihn ein paar Minuten ziehen.
2. Wasche den Grünkohl und schneide ihn in Streifen. Die Süßkartoffel wird geschält und ebenfalls in Streifen geschnitten. Die Tomaten werden nach dem Waschen halbiert.
3. Lege Grünkohl und Süßkartoffel in einen Topf mit kochendem Wasser. Einige Minuten dünsten lassen.
4. Lockere den Couscous mit einer Gabel auf und

fülle damit Deine Bowl. Darauf kommen Grünkohl, Tomaten und

5. Mische das Dressing aus Essig, Öl, Zitronensaft und Honig und schmecke mit Salz und
Pfeffer ab. Über die Bowl geben und mit Thymian bestreuen.

Quinoa-Buddha-Bowl

Energie	490 KCAL
Fett	11 G
Kohlenhydrate	70 G
Eiweiss	21 G

AUFWAND:

DAUER:

ca. 20 Minuten

ZUBEREITUNG

1. Lasse den Quinoa in der doppelten Menge kochendem Wasser ca. 15 Minuten quellen. Das Ei ca. 10 Minuten kochen.

Zutaten für 1 Portion:

80 g Quinoa
1 Ei
100 g Zuckerschoten
1 Karotte
100 g Rotkohl
Salz
Pfeffer
Kreuzkümmel
Knoblauch
Chilipulver
Essig
Öl
Salz
Pfeffer
Knoblauchpulver
Chilipulver

2. Inzwischen wäscht Du Rotkohl, Karotte und Zuckerschoten. Rotkohl und Karotten werden in dünne Streifen geschnitten.

3. Lockere den Quinoa mit der Gabel auf und fülle ihn in Deine Bowl. Arrangiere Zucker-

schoten, Rotkohl und Karotte darauf.

4. Pelle das Ei und schneide es in Scheiben, die Du auf das Gemüse legst.

5. Bereite das Dressing aus Essig, Öl, Knoblauch- und Chilipulver und schmecke mit Salz und Pfeffer ab. Gib es über die Bowl.

Buddha-Bowl mit Kichererbsen

Energie	460KCAL
Fett	26 G
Kohlenhydrate	33 G
Eiweiss	18 G

AUFWAND:

DAUER:

ca. 25 Minuten

ZUBEREITUNG

1. Heize den Ofen auf 200° vor. Wasche die Süßkartoffel, bürste sie ab und schneide sie in Scheiben.
2. Mische Salz, Pfeffer, Olivenöl, Zimt und Chilipulver und gib es über die Süßkartoffelscheiben. Dann legst Du sie auf ein mit

Zutaten für *1* Portion:

100 g Babyspinat
1 kl. Rote Bete
100 g Broccoli
100 g Kichererbsen (*Dose*)
1 EL Kürbiskerne
¼ Mango
50 g Feta
1 kl. Süßkartoffel
3 EL Olivenöl
Salz
Pfeffer
Zimt
½ Knoblauchzehe
½ Chilischote
1 TL Sesamöl
Limettensaft

Backpapier bedecktes Blech und lässt sie ca. 20 Minuten im Ofen backen.

3. Putze den Broccoli, löse die Röschen vom Strunk und koche sie bissfest in ca. 100 ml Wasser.

4. Wasche den Spinat und die Rote Bete, sie wird anschließend in Stücke geschnitten. Die Mango schälen und ebenfalls in Stücke schneiden. Lass die Kichererbsen abtropfen.

5. Gib den Spinat als Basis in die Bowl und arrangiere Rote Bete und Mango darauf. Die Süßkartoffelscheiben bilden hier den Abschluss.

6. Für das Dressing wird die Knoblauchzehe gepresst, die Chilischote fein geschnitten. Alles mit Sesamöl und Limettensaft vermischen. Ggf. mit Salz und Pfeffer abschmecken. Der zerbröselte Feta fungiert als Topping.

Süßkartoffel-Buddha-Bowl

Energie	572 KCAL
Fett	12 G
Kohlenhydrate	80 G
Eiweiss	20 G

AUFWAND:

DAUER:

ca. 25 Minuten

ZUBEREITUNG

Zutaten für 1 Portion:

100 Quinoa
50 g Kidneybohnen
50 g Blattsalat nach Wahl
1 weiße Rübe
10 Broccoliröschen
1 rote Paprika
50 g Süßkartoffel
5 Oliven
1 EL Walnusskerne
3 EL Sesamöl
3 EL Sojasoße

1. Bereite den Quinoa nach Anleitung zu.
2. Wasche den Salat und die Paprika, putze den Broccoli. Die Paprika wird in Streifen, alles andere in Würfel geschnitten. Löse die Broccoliröschen vom Strunk. Die Kidneybohnen abseihen.
3. Setze Wasser auf und koche die Süßkartoffel einige Minuten. Erhitze Öl in einer Pfanne und brate Paprikastreifen und Broccoli kurz an (vorher salzen).
4. Verrühre Sojasoße und Sesamöl für das Dressing. Mit Salz und Pfeffer abschmecken.

5. Gib den Salat in die Bowl und bedecke ihn mit Quinoa, dem Gemüse und den Bohnen. Jetzt kommt das Dressing. Getoppt wird mit Walnusskernen und Oliven.

Chicken-Buddha-Bowl

Energie	820 KCAL
Fett	34 G
Kohlenhydrate	77 G
Eiweiss	42 G

AUFWAND:

DAUER:

ca. 25 Minuten

ZUBEREITUNG

1. Bereite den Quinoa nach Anleitung zu. Die Hähnchenbrust mit Salz und Pfeffer würzen und in etwas Öl anbraten.

Zutaten für 1 Portion:

100 g Hähnchenbrust
½ Avocado
50 g Quinoa
3 Kirschtomaten
3 Champignons
100 g Rucola
½ Zucchini
½ rote Paprika
1 Frühlingszwiebel
50 g Naturjoghurt
1 TL Sojasoße
1 TL Olivenöl
1 EL Sesam
Salz
Pfeffer

2. Gemüse, Salat und Champignons waschen. Halbiere Tomaten und Champignons, die Paprika und Zucchini werden gewürfelt.

3. Brate Champignons, Tomaten und Zucchini kurz in heißem Öl an. Schneide die Frühlingszwiebel in Ringe.

4. Schneide Hähnchenbrust und Avocado in Scheiben. Bereite das Dressing aus Sojasoße, Joghurt, Olivenöl, Salz und Pfeffer zu.

5. Fülle die Bowl mit Rucola. Darauf kommen Champignons sowie Gemüse und Hähnchenbrust. Dressing darüber und mit Frühlingszwiebel und Sesam toppen.

Buchweizen-Buddha-Bowl

Energie	499 KCAL
Fett	15 G
Kohlenhydrate	51 G
Eiweiss	33 G

AUFWAND:

DAUER:

ca. 25 Minuten

ZUBEREITUNG

Zutaten für *1* Portion:

100 g Lachsfilet
20 g Edamame
3 Zuckerschoten
½ Kopf Rotkohl
3 Kirschtomaten
¼ gelbe Paprika
1 kl. Zucchini
100 g Buchweizennudeln
1 EL schwarzer Sesam
1 EL Chilisoße
Salz
Pfeffer
2 EL Hummus
1 TL Apfelessig
1 TL Sesamöl

1. Lasse die Nudeln in kochendem Salzwasser ca. 3 Minuten lang kochen und seihe sie dann ab.

2. Bereite das Gemüse vor: Champignons und Tomaten halbieren, den Rotkohl in Streifen, die Zucchini in Scheiben schneiden. Die Paprika würfeln.

3. Erhitze Öl in einer Pfanne und brate Edamame, Champignons, Zucchini und Tomaten kurz darin an.

4. Schneide den Lachs in Würfel und würze ihn mit der Chilisoße, Salz und Pfeffer. Dann in einer Pfanne in Öl anbraten.

5. Für das Dressing verrührst Du Hummus, Apfelessig und Sesamöl. Schmecke mit Salz und Pfeffer ab.

6. Fülle die Bowl mit Rotkraut, darauf kommen Gemüse, Champignons, Edamame und Lachs. Gib das Dressing darüber und toppe mit dem Sesam

Wildreis-Buddha-Bowl

Energie	315 KCAL
Fett	4 G
Kohlenhydrate	51 G
Eiweiss	13 G

AUFWAND:

DAUER:

ca. 25 Minuten

ZUBEREITUNG

Zutaten für 1 Portion:

100 g Wildreis
100 g Tofu
4 EL Kichererbsen
¼ Kopf Rotkohl
½ rote Paprika
3 Champignons
100 g Blattsalat nach Wahl
1 EL Teriyaki-Soße
3 EL schwarzer Sesam
2 EL Honig
2 EL Sojasoße
Salz
Pfeffer

1. Koche den Reis nach Pakkungsanleitung.
2. Schneide den Tofu in mundgerechte Stücke, würze mit Teriyaki-Soße, Salz und Pfeffer und brate ihn in heißem Öl an.
3. Halbiere die Champignons, würfle die Paprika und schneide den Rotkohl in dünne Streifen. Wasche den Salat und seihe die Kichererbsen ab.
4. Für das Dressing verrührst Du Honig, Sojasoße, Salz und Pfeffer. Lege den Salat in die

Bowl und bedecke ihn mit Champignons, Rot-
kohl, Paprika, Kichererbsen und Tofu. Gib das
Dressing darüber und bestreue alles mit dem
Sesam.

 **TIPP** Diese Buddha-Bowl eignet sich gut
für Diäten.

Kürbis-Buddha-Bowl

Energie	490 KCAL
Fett	31 G
Kohlenhydrate	37 G
Eiweiss	9 G

AUFWAND:

DAUER:

ca. 25 Minuten

ZUBEREITUNG

Zutaten für 1 Portion:

100 g Reis
100 g Hokkaido-Kürbis
100 g Feldsalat
½ Avocado
100 g Babyspinat
2 EL Walnussöl
1 EL Olivenöl
2 EL Apfelessig
Salz
Pfeffer
1 TL Zitronensaft
1 EL Walnusskerne
1 EL Rosinen

1. Schäle und würfle den Kürbis. Salzen, pfeffern und mit Olivenöl beträufeln. Heize den Backofen auf 180° Umluft vor und lasse den Kürbis ca. 20 Minuten backen.
2. Koche den Reis nach Packungsanleitung. Wasche den Feldsalat und schneide die Avocado in Scheiben.
3. Rühre das Dressing aus Walnussöl, Apfelessig, Zitronensaft, Salz und Pfeffer an.
4. Bedecke die Bowl mit Feldsalat. Nun folgen

Reis, Kürbis und Avocado. Gib das Dressing darüber und toppe mit Walnusskernen und Rosinen.

Bulgur-Buddha-Bowl

Energie	825 KCAL
Fett	32 G
Kohlenhydrate	85 G
Eiweiss	26 G

AUFWAND:

DAUER:

ca. 30 Minuten

ZUBEREITUNG

1. Koche den Reis nach Pakkungsanleitung.
2. Schneide Zwiebel und Champignons in Scheiben, brate sie in etwas Olivenöl an und lösche mit etwas Balsamico ab.
3. Wasche das Gemüse. Schneide Tomaten und Frühlingszwiebel in Scheiben bzw. Ringe, die

Zutaten für *1* Portion:

100 g Bulgur
½ Avocado
2 Champignons
½ Paprika
1 kl. Zwiebel
1 Tomate
3 EL Hummus
3 EL Kichererbsen (**Dose**)
¼ Gurke
50 g Feta
1 Frühlingszwiebel
3 EL Tomatenmark
Zitronensaft
Petersilie
Salz
Pfeffer
Olivenöl
Balsamico

Paprika in Streifen. Schneide die Avocado in Scheiben (evtl. mit etwas Zitronensaft beträufeln, dann wird sie nicht braun). Lasse die Kircherbsen in einem Sieb abtropfen.

4. Mische Tomatenmark mit Olivenöl und Frühlingszwiebel und schmecke mit Salz und Pfeffer ab und vermenge den Reis damit.

5. Fülle Reis in die Bowl und bedecke ihn mit dem Gemüse. Toppe mit Champignons, Kichererbsen, Hummus und zerbröseltem Feta.

Vegane Bowls

Vegane Ernährung und Bowls sind ein Dreamteam, das perfekt zu „Clean Eating" passt. Es ist eine Lebenseinstellung, die immer mehr Anhänger findet.

Die Auswahl der Rezepte gibt Dir einen kleinen Eindruck, wie abwechslungsreich und lecker die vegane Küche ist. Auch wenn Du (noch) kein Veganer bist, wirst Du Fleisch oder Fisch nicht vermissen. Probiere es aus und lass Dich begeistern.

Berry-Bowl

Energie	400 KCAL
Fett	28 G
Kohlenhydrate	28 G
Eiweiss	5 G

AUFWAND:

DAUER:

ca. 5 Minuten

Zutaten für 1 Portion:

100 g Himbeeren (TK)
50 g Banane
100 ml Kokosmilch
1 TL Agavendicksaft
1 EL Kokosraspel

ZUBEREITUNG

1. Schneide die Banane in Scheiben und gib sie zusammen mit den Himbeeren in den Mixer.
2. Füge die Kokosmilch und den Agavendicksaft hinzu und mixe alles ca. 90 Sekunden oder bis die gewünschte Konsistenz erreicht ist.
3. Nun kannst Du Deinen Smoothie auch schon in die Bowl füllen und mit den Kokosraspeln toppen.

 **TIPP** Perfekt für's Frühstück. Wenn Du es noch frischer möchtest, legst Du die Bananenscheiben einfach schon am Vortag ins Gefrierfach.

Acai-Bowl

Energie	202 KCAL
Fett	5 G
Kohlenhydrate	29 G
Eiweiss	5 G

AUFWAND:

DAUER:

ca. 5 Minuten

Zutaten für 1 Portion:
150 g Frischkäse, körnig
125 g Magerquark
125 g Himbeeren (frisch)
Evtl. Zimt, Agavendicksaft

ZUBEREITUNG

1. Befülle Deinen Mixer mit Acai-Pulver, Banane, Haferflocken, Mandelmilch sowie den Beeren (heb Dir ein paar für die Deko auf).
2. Mixe alles bis zur gewünschten Konsistenz.
3. Gib den Smoothie in Deine Bowl und dekoriere mit den restlichen Beeren, Chia-Samen und Knuspermüsli.

TIPP	Diese kalorienarme Bowl steckt voller Superfood und passt gut in eine Diät.

Kakao-Bowl

Energie	413 KCAL
Fett	29 G
Kohlenhydrate	21 G
Eiweiss	11 G

AUFWAND:

🍽

DAUER:

ca. 10 Minuten

ZUBEREITUNG

Zutaten für 1 Portion:

30 g Nuss-Mix
100 g Sojajoghurt
½ Apfel
20 g Himbeeren
20 g Heidelbeeren
1 TL Backkakao
1 TL Kakaonibs
1 TL Zimt
1 TL Kokoschips

1. Verrühre den Sojajoghurt in der Bowl mit dem Backkakao.
2. Fülle den Nuss-Mix in eine Tüte und zerkleinere ihn z.B. mit einem Hammer. Dann kommt er in die Bowl (Du kannst einen Teil für das Topping aufheben).
3. Wasche nun Apfel und Beeren. Schneide den Apfel in kleine Stücke und halbiere die Himbeeren. Apfel, Heidel- und Himbeeren kommen ebenfalls in die Schüssel. Heb ein paar Beeren als Topping auf. Gib noch Zimt dazu und verrühre alles gut.
4. Toppe Deine Bowl mit Nüssen, Beeren, Kakaonibs und Kokoschips.

Matcha-Bowl

Energie	187 KCAL
Fett	5 G
Kohlenhydrate	26 G
Eiweiss	4 G

AUFWAND:

DAUER:

ca. 10 Minuten

ZUBEREITUNG

Zutaten für 1 Portion:

½ Banane
50 g Babyspinat
½ Mango
1 TL Matcha-Pulver
1 Kiwi
1 TL Kokosraspel
1 TL Chia-Samen

1. Schäle Kiwi
   und Banane und schneide sie in Scheiben. Leg
   ein paar Bananenscheiben beiseite. Schneide
   die Mango klein und wasche den Spinat.
2. Gib Spinat, Mango und Banane mit dem
   Matcha-Pulver in den Mixer.
3. Fülle den Smoothie in die Bowl und toppe mit
   Bananen- und Kiwischeiben, Kokosraspeln und
   Chia-Samen.

TIPP Diese Wachmacher-Bowl eignet
sich gut für Diäten.

Springroll-Bowl

Energie	637 KCAL
Fett	29 G
Kohlenhydrate	72 G
Eiweiss	12 G

AUFWAND:

DAUER:

ca. 15 Minuten

ZUBEREITUNG

1. Schneide die Gurke in dünne Scheiben. Karotte, Paprika und Avocado werden in feine Streifen geschnitten. Minze, Koriander und Basilikum hackst Du.

2. Gib jetzt Knoblauch, Agavendicksaft, Öl, Limettensaft, Wasser, Reisweinessig und Sojasoße

Zutaten für 1 Portion:

75 g Reisnudeln
½ rote Paprikaschote
½ Karotte
½ Avocado
¼ Gurke
Basilikum
Koriander
Minze
1 EL Jalapeños
1 EL gehackte Erdnüsse
1 Knoblauchzehe
1 EL Pflanzenöl
1 EL Agavendicksaft
1 EL Limettensaft
1 EL Wasser
1 EL Reisweinessig
1 TL Sojasoße
1 EL Algen
Salz

in den Mixer und stelle eine Soße her. Mische
etwas davon unter die Gurkenscheiben.

3. Jetzt setzt Du Wasser auf und lässt die Nudeln
darin ca. 3 Minuten kochen. Nach dem Abgießen mischt Du sie mit der Soße.

4. Fülle die Nudeln in die Bowl und gib Gurkenscheiben, Paprika, Karotte und Avocado dazu.
Toppe mit den Kräutern, Algen und Jalapeños.

Chili-Bowl

Energie	423 KCAL
Fett	14 G
Kohlenhydrate	55 G
Eiweiss	11 G

AUFWAND:

DAUER:

ca. 20 Minuten

ZUBEREITUNG

1. Koche den Reis nach Pakkungsanleitung.
2. Schneide die Paprika in Streifen und würfle Zwiebel und Knoblauch. Lass die Kidneybohnen abtropfen. Erhitze etwas Öl in einer Pfanne und dünste die Zwiebel glasig. Gib Knoblauch und Paprika dazu und brate alles ca. 3 Minuten an.

Zutaten für 1 Portion:

80 g Reis
100 g Tomaten
80 g Kidneybohnen
½ Knoblauchzehe
½ Zwiebel
½ Paprikaschote
1 TL Rohrzucker
1 TL Cayennepfeffer
1 TL Kreuzkümmel
1 TL Korianderpulver
2 EL Sojasoße
Salz
Pfeffer
¼ Avocado
1 EL Sojajoghurt
Muskat
Veganer Reibkäse
1 Handvoll Nachos

Mit Salz und Pfeffer abschmecken. Jetzt kommen Zucker, Cayennepfeffer, Korianderpulver und Sojasoße dazu. Lasse alles ca. 15 Minuten köcheln. Schmecke mit Salz ab.

3. In der Zwischenzeit bereitest Du den Avocado-Dip vor. Schneide die Avocado in kleine Stücke, gib Muskat und den Joghurtersatz dazu und püriere das Ganze. Mit Salz und Pfeffer abschmecken.

4. Fülle die Nachos in ein mikrowellengeeignetes Gefäß, streue den Käseersatz darüber und lass ihn in der Mikrowelle schmelzen. Dann kannst Du auch schon den Reis in die Bowl füllen und das Chili darauf geben. Jetzt noch die Käsenachos und den Dip dazu, guten Appetit!

Poke-Bowl

Energie	554KCAL
Fett	29 G
Kohlenhydrate	52 G
Eiweiss	15 G

AUFWAND:

DAUER:

ca. 25 Minuten

ZUBEREITUNG

1. Schneide den Tofu in Streifen. Aus Sojasoße, gehacktem Knoblauch und Chilischote bereitest Du eine Marinade, die Du über den Tofu gibst. Lasse ihn 20 Minuten ziehen. Für einen intensiveren Geschmack kannst Du den Tofu

Zutaten für 1 Portion:

60 g Wildreis
75 g Tofu
¼ Avocado
1 große Champignon
1 Karotte
½ Kohlrabi
½ Gurke
30 ml Sojamilch
30 g Vollkorn-Semmelbrösel
ca. 1 cm Ingwer
½ Knoblauchzehe
½ Chilischote
ca. 80 ml Kokosmilch
½ Limette
1 TL Gemüsebrühe
1 EL Sojasoße
Pflanzenöl
Salz
Pfeffer

auch schon ca. 2 Stunden vorher marinieren.

2. Koche den Reis nach Packungsanweisung.
3. Reibe die Karotte. Der Kohlrabi wird in Stäbchen geschnitten, Gurke, Avocado und Champignon in Scheiben.
4. Paniere den Tofu mit Semmelbröseln und Sojasoße (evtl. noch etwas Brühepulver dazu). Hebe die Tofu-Marinade auf. Brate den Tofu in etwas Öl goldbraun an.
5. Jetzt kommen Kokosmilch und Limettensaft in die Marinade und ergeben eine würzige Soße. Gut umrühren.
6. Fülle den Reis in die Bowl und gib Gemüse und Tofu darüber. Zum Schluss kommt noch die Soße.

Soba-Bowl

Energie	225 KCAL
Fett	7 G
Kohlenhydrate	28 G
Eiweiss	15 G

AUFWAND:

DAUER:

ca. 25 Minuten

ZUBEREITUNG

Zutaten für 1 Portion:

100 g braune Champignons
75 g Broccoli
50 g Edamame (TK)
35 g Sobanudeln
1 EL Erdnussbutter
1 EL Sojasoße
4 EL Gemüsebrühe
1 TL Reisweinessig
1 TL Sriracha-Soße
1 TL Agavendicksaft
½ TL Ingwer
2 EL Sojasoße

1. Schneide die Champignons in Scheiben. Löse die Broccoliröschen vom Strunk, lass die Edamame auftauen.
2. Bereite die Soße aus Gemüsebrühe, Erdnussbutter, Sojasoße, Reisweinessig, Sriracha-Soße, Agavendicksaft und gehacktem Ingwer.
3. Erhitze etwas Öl in einer Pfanne und lasse die Champignons darin braten (das Pilzwasser muss verdampfen). Gib die Edamame und den Broccoli dazu. Mit Salz und Pfeffer abschmekken. Es ist fertig, wenn der Broccoli gar ist.

4. Inzwischen lässt Du die Sobanudeln ca. 5 Minuten kochen.

5. Es geht ans Anrichten: Zuerst Nudeln, dann das Pfannengemüse. Die Soße bildet den Abschluss.

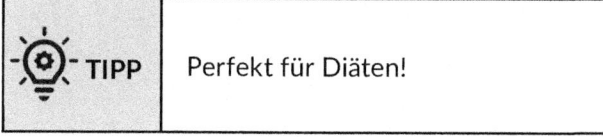 **TIPP** Perfekt für Diäten!

Banh Mi-Bowl

Energie	770 KCAL
Fett	30 G
Kohlenhydrate	80 G
Eiweiss	22 G

AUFWAND:

DAUER:

ca. 30 Minuten

ZUBEREITUNG

1. Stelle 3 Schüsseln bereit. In eine gibst Du die in Scheiben geschnittenen Radieschen und Gurke. In die zweite kommen Karottenstifte und

Zutaten für 1 Portion:

100 g Räuchertofu
75 g Glasnudeln
½ Avocado
¼ Pck. Mischsalat n. Wahl
2 Radieschen
¼ Gurke
½ Karotte
1/8 Rotkohl
50 ml Reisweinessig
2 TL Ahornsirup
1 TL Knoblauchpaste
Salz
Chiliflocken
2 EL Hoisin-Soße
1 EL Sojasoße
1 EL Sesamöl
1 TL Sriracha-Soße

in die dritte Rotkohlstreifen. Aus Reisweinessig, Ahornsirup, Knoblauchpaste, Salz und Chiliflocken rührst Du ein Dressing an, das Du auf die Schüsseln verteilst. Bis zum Ende der

Zubereitung ziehen lassen.

2. Lass die Glasnudeln in einem Topf ca. 6 Minuten kochen, dann abgießen.

3. Tupfe den Tofu trocken, schneide ihn in Stücke und brate ihn in etwas Öl an. Bereite eine Glasur aus Hoisin- und Sojasoße, Sesamöl und Sriracha-Soße zu. Gib etwas davon über den Tofu.

4. Für das Dressing verrührst Du Himbeeressig, Ahornsirup, Senf und Rapsöl mit Wasser und schmeckst mit Salz ab.

5. Nimm jetzt das Gemüse aus der Marinade und mische die Marinade mit dem Salat.

6. Nun richtest Du Salat, Nudeln und Gemüse in der Bowl an. Schneide die Avocado in Scheiben und lege sie dazu. Die restliche Glasur darüber geben.

Süßkartoffel-Buddha-Bowl

Energie	580 KCAL
Fett	16 G
Kohlenhydrate	80 G
Eiweiss	16 G

AUFWAND:

DAUER:

ca. 30 Minuten

ZUBEREITUNG

Zutaten für 1 Portion:

30 g Feldsalat
80 g Quinoa
100 g Süßkartoffeln
80 g Broccoli
30 g Rotkohl
60 g Gurke
60 g Tomaten
Salz
Pfeffer
1 TL Senf
1 EL Rapsöl
1 EL Himbeeressig
1 EL Wasser
1 EL Ahornsirup

1. Brause den Quinoa unter fließendem Wasser ab und koche ihn mit der doppelten Menge Wasser ca. 15 Minuten. Löse die Broccoliröschen vom Strunk und lasse sie ca. 8 Minuten in Salzwasser garen.
2. Wasche inzwischen Salat und Gemüse. Die Tomaten werden halbiert, die Gurke in Scheiben, der Rotkohl in Streifen geschnitten.
3. Würfle die Süßkartoffel und gib sie ca. 5 Minuten in kochendes Wasser.

4. Für das Dressing verrührst Du Himbeeressig, Wasser, Ahornsirup, Senf und Rapsöl. Mit Salz abschmecken.

5. Richte Deine Bowl mit Salat, Gemüse und Süßkartoffeln an und gib das Dressing darüber.

Marokkanische Bowl

Energie	690 KCAL
Fett	29 G
Kohlenhydrate	79 G
Eiweiss	17 G

AUFWAND:

DAUER:

ca. 35 Minuten

ZUBEREITUNG

1. Koche die Hirse nach Packungs-anleitung.
2. Gieße die Kichererb-sen ab und schneide die Aubergine in kleine Stücke. Zwiebel und Knoblauch fein hacken.
3. Erhitze Kokosöl in einem Topf und dün-

Zutaten für 1 Portion:

100 ml Gemüsebrühe
100 g Kichererbsen
100 g Tomaten (stückig)
20 g Rosinen
¼ Aubergine
1 kl. Zwiebel
1 EL Tomatenmark
1 TL Zimt
1 TL Kümmel
Salz
1 TL Ingwerpulver
1 TL Kurkuma
1 TL Paprikapulver
½ Avocado
Minze
Koriander
1 EL Zitronensaft
1 TL Agavendicksaft
Pfeffer
50 g Hirse
30 g Sojajoghurt
einige Granatapfelkerne
einige Mandeln
1 TL Kokosöl
1 EL Olivenöl

ste Zwiebel und Knoblauch glasig. Dann kommen Tomatenmark, Aubergine, Salz, Kümmel, Ingwerpulver, Kurkuma und Paprikapulver dazu. Füge ca. 300 ml Wasser hinzu sowie die Gemüsebrühe. Jetzt noch die Tomaten, dann lasse alles ca. 20 Minuten köcheln. Immer wieder umrühren. Kurz vor Ende der Garzeit gibst Du die Kichererbsen und einen Teil der Rosinen dazu.

4. Würfle die Avocado und hacke die Kräuter grob. Für das Dressing rührst Du Sojajoghurt, Olivenöl, Zitronensaft sowie die Kräuter an. Mit Salz und Pfeffer abschmecken.

5. Richte Hirse, Gemüse und Avocado in der Bowl an und gib das Dressing darüber. Getoppt wird mit Granatapfelkernen, Mandeln und den restlichen Rosinen.

Gemüse-Tofu-Bowl

Energie	390 KCAL
Fett	21 G
Kohlenhydrate	50 G
Eiweiss	21 G

AUFWAND:

DAUER:

ca. 35 Minuten

ZUBEREITUNG

Zutaten für 1 Portion:

3 Kartoffeln
¼ Kopf Blumenkohl
2 EL Pflanzenöl
1 Prise Salz
1 Prise Pfeffer
1 TL Kreuzkümmelpulver
125 g Tofu
1/2 Paprikaschote (rot)
125 ml Wasser
1 Prise Kala Namak
1 Prise Zwiebelpulver
1 TL Kurkuma
¼ Avocado
Eisbergsalat
1 TL Salsa

1. Heize den Backofen auf 200° (Ober- und Unterhitze) vor. Dann schälst und würfelst Du die Kartoffeln und zerteilst den Blumenkohl in kleine Röschen. Gib alles in eine feuerfeste Schüssel und füge 1 EL Öl, Salz, Pfeffer und Kümmel hinzu. Vermische alles gut und stelle die Schüssel ca. 20 Minuten in den Backofen.

2. In der Zwischenzeit zerkrümelst Du den Tofu

und schneidest die Paprikaschote klein. Erhitze
1 TL Öl in einer Pfanne und gibt Tofu und
Paprika dazu. Jetzt verrührst Du Kala Namak,
Zwiebelpulver und Kurkuma mit dem Wasser,
gibst es über den Tofu und lässt alles braten,
bis die Flüssigkeit verdampft ist.

3. Schneide die Avocado in kleine Stücke und
   wasche einige Salatblätter.

4. Lege die Salatblätter in die Bowl und gib das
   Ofengemüse mit dem Tofu darüber. Garniere
   mit Avocado und Salsa.

Kids-Bowls

Eltern wollen nur das Beste für ihre Sprösslinge - ausgewogene Ernährung eingeschlossen. Leider spielt der Nachwuchs da oft nicht mit. Während Obst in der Regel gerne gegessen wird, reagieren viele Kinder auf Gemüse wie Vampire auf Knoblauch. Was also tun, wenn nicht jeden Tag Pizza oder Schnitzel mit Pommes auf dem Menüplan stehen soll? Die Lösung könnte in der Schüssel liegen. Bunte Bowls wecken die kindliche Neugier und wollen probiert werden. Das ist eine gute Möglichkeit, kleine Gemüseverweigerer spielerisch an das Thema heranzuführen. Bei so vielen Zutaten ist bestimmt die eine oder andere Sorte dabei, die die Zustimmung der Sprösslinge findet.

Wenn bei Deinen Kids Gemüse auch ein Reizthema ist, probiere doch einmal meine Rezepte für Kids-Bowls aus. Sind Deine Kinder noch kleiner, lasse sie die Zutaten fühlen. Sicher finden sie dann auch den Weg in den Mund. Größere Kids freuen sich, wenn sie auswählen dürfen, welche Bowl gemacht werden soll. Nimm sie mit zum Einkaufen und lass Dir in der Küche helfen. Wenn sie selbst Hand angelegt haben, ist der Anreiz viel größer, ihr Werk auch zu kosten. Ich wünsche Euch viel Spaß und guten Appetit!

Kitty-Bowl

Energie	200 KCAL
Fett	8 G
Kohlenhydrate	22 G
Eiweiss	10 G

AUFWAND:

🍽

DAUER:

ca. 5 Minuten

Zutaten für *1* Portion:

150 g Naturjoghurt
1 EL Knuspermüsli
4 Erdbeeren
3 Heidelbeeren

ZUBEREITUNG

1. Fülle die Bowl mit dem Knuspermüsli. Wasche die Beeren.
2. Gib den Joghurt auf das Müsli. Halbiere die Erdbeeren und forme daraus z.B. ein Katzengesicht, wobei zwei Erdbeerhälften die Ohren darstellen und eine den Mund. Die Heidelbeeren fungieren als Augen und Schnauze.
3. Die restlichen Beeren arrangierst Du am Rand der Bowl.

 **TIPP** Diese lustige Bowl ist ein gesunder, kalorienarmer Start in den Tag.

Bananen-Bowl

Energie	318 KCAL
Fett	9 G
Kohlenhydrate	44 G
Eiweiss	11 G

AUFWAND:

DAUER:

ca. 10 Minuten

ZUBEREITUNG

Zutaten für *1* Portion:

100 ml Milch
1 Banane
2 EL Haferkleie
3 EL Haferflocken
1 TL Honig
1 TL Zimt
10 g Heidelbeeren
1 EL Mandelblättchen
1 EL Frühstückssternchen

1. Schäle die Banane und schneide sie in Scheiben. Leg ein paar Bananenscheiben beiseite. Wasche die Heidelbeeren.
2. Jetzt kommen die Bananenscheiben mit der Haferkleie, 2 EL Haferflocken, der Milch, Honig und Zimt in den Mixer.
3. Fülle den Smoothie in die Bowl und toppe mit Bananenscheiben, Heidelbeeren, Mandelblättchen und Frühstückssternchen.

Wiesen-Bowl

Energie	317 KCAL
Fett	11 G
Kohlenhydrate	38 G
Eiweiss	11 G

AUFWAND:

DAUER:

ca. 15 Minuten

ZUBEREITUNG

Zutaten für 1 Portion:

100 ml Milch
1 Banane
50 g Babyspinat
2 Kiwis
1 EL Erdnussbutter
1 EL Chia-Samen
10 g Heidelbeeren
10 g Himbeeren
1 EL essbare Blüten

1. Wasche den Spinat und die Beeren. Schäle Banane und Kiwis und schneide sie in Scheiben. Lass ein paar Bananenscheiben für die Deko übrig.
2. Gib Spinat, die Scheiben einer Kiwi, Bananenscheiben, Erdnussbutter und Chia-Samen in den Mixer.
3. Sobald der Smoothie die gewünschte Konsistenz hat, füllst Du ihn in die Bowl und toppst mit Bananen- und Kiwischeiben, Heidelbeeren und Himbeeren. Für das richtige Blumenwiesen-Feeling kommt noch 1 EL essbare Blüten dazu.

 **TIPP** | Du kannst auch TK-Beeren verwenden und/oder die Bananenscheiben vorher einfrieren.

Rote Beeren-Bowl

Energie	369 KCAL
Fett	9 G
Kohlenhydrate	50 G
Eiweiss	13 G

AUFWAND:

DAUER:

ca. 15 Minuten

ZUBEREITUNG

Zutaten für 1 Portion:

125 g Erdbeeren
100 g Himbeeren
125 g Naturjoghurt
50 ml Wasser
2 EL Haferkleie
3 EL Haferflocken
1 TL Honig
1 EL Chia-Samen
1 EL Frühstückscerealien

1. Wasche die Beeren. Die Erdbeeren werden halbiert. Lass einen Teil der Beeren für das Topping übrig.
2. Jetzt kommen Himbeeren, Erdbeeren, Haferkleie, 2 EL Haferflocken, Wasser, Joghurt und Honig in den Mixer.
3. Wenn der Smoothie die gewünschte Konsistenz hat, füllst Du ihn in die Bowl und toppst mit Erdbeeren, Himbeeren, Chia-Samen und Cerealien nach Wahl Deines Kindes.

Schlumpf-Bowl

Energie	220 KCAL
Fett	4 G
Kohlenhydrate	36 G
Eiweiss	5 G

AUFWAND:

DAUER:

ca. 15 Minuten

ZUBEREITUNG

1. Schäle die Banane und schneide sie in Scheiben. Leg ein paar Bananenscheiben beiseite.
2. Gib das Obst mit Wasser und Haferflocken in den Mixer.
3. Sobald der Smoothie die gewünschte Konsistenz hat, befüllst Du die Bowl. Toppe mit Bananenscheiben, Beeren, Hafercrunchies und Schokopops.

Zutaten für 1 Portion:

1 Banane
30g TK-Himbeeren
30 g TK-Heidelbeeren
2 EL Haferflocken
50 ml Wasser
1 EL Schokopops
1 EL Hafercrunchies
1 EL frische Heidelbeeren
1 EL frische Himbeeren

 **TIPP** Die schöne, blaue Schlumpf-Bowl ist lecker und kalorienarm.

Bunte Regenbogen-Bowl

Energie	370 KCAL
Fett	17 G
Kohlenhydrate	39 G
Eiweiss	13 G

AUFWAND:

DAUER:

ca. 20 Minuten

ZUBEREITUNG

1. Setze Wasser auf, gib die Gemüsebrühe dazu und koche den Reis nach Anleitung.

Zutaten für 1 Portion:

1 TL Gemüsebrühe
80 g Reis
1 EL Mayonnaise
25 g Naturjoghurt
¼ Zitrone
½ gelbe Paprika
1 Karotte
30 g Tomaten
30 g Kidneybohnen
30 g Mozzarellabällchen
25 g Romanosalat
Salz
Pfeffer

2. Für das Dressing verrührst Du die Mayonnaise mit Joghurt und Zitrone. Schmecke mit Salz und Pfeffer ab.

3. Wasche Salat und Gemüse und lasse die Kidneybohnen und Mozzarellabällchen abtropfen. Halbiere die Tomaten, schneide die Paprika in Streifen, die Karotte in Scheiben.

4. Fülle die Bowl mit Reis und richte Salat und

Gemüse in Reihen in den Regenbogenfarben an. Gib einen Klecks des Dressings darauf. Getoppt wird mit Kidneybohnen und Mozzarellabällchen.

Nudelspaß-Bowl

Energie	434 KCAL
Fett	10 G
Kohlenhydrate	65 G
Eiweiss	15 G

AUFWAND:

DAUER:

ca. 20 Minuten

ZUBEREITUNG

Zutaten für 1 Portion:

100 g Penne
1 Karotte
½ orange Paprika
1 EL Pflanzenöl
25 g Tomaten
50 g passierte Tomaten
30 g Mais
Salz
Pfeffer
Oregano
1 EL Parmesan

1. Koche die Nudeln al dente.
2. Wasche das Gemüse. Die Karotte wird geviertelt, Tomaten und Paprika gewürfelt. Lass den Mais abtropfen.
3. Erhitze etwas Öl in einer Pfanne und dünste Karotten und Paprika darin kurz an.
4. Für die Tomatensoße gibst Du die passierten Tomaten in einen Topf, nach Belieben kannst Du etwas Wasser zugeben und erwärmen. Gib die Tomatenviertel dazu und würze mit Salz, Pfeffer und Oregano.
5. Richte die Bowl an: Zuerst die Penne, dann

Karotten und Paprika sowie den Mais. Die
Tomatensoße kommt auf die Penne, getoppt
wird mit Parmesan.

 **TIPP**	Der beliebte Kinder-Klassiker Nudeln mit Tomatensoße kommt hier einmal in einer ganz anderen Variation daher.

Taco-Bowl

Energie	360 KCAL
Fett	13 G
Kohlenhydrate	29 G
Eiweiss	30 G

AUFWAND:

DAUER:

ca. 20 Minuten

ZUBEREITUNG

Zutaten für 1 Portion:

100 g Putenbrust
1 EL Pflanzenöl
Salz
Pfeffer
100 g Eisbergsalat
60 g Tomaten
½ orange Paprikaschote
50 g Mais
50 g Kidneybohnen
10 g Tortilla-Chips
25 g Schmand
Salsa

1. Wasche die Putenbrust, tupfe sie trocken und würfle sie. Erhitze etwas Öl in einer Pfanne und brate das Fleisch darin an. Mit Salz und Pfeffer würzen.
2. Wasche Salat und Gemüse. Paprika und Tomaten werden gewürfelt. Lasse Mais und Bohnen abtropfen.
3. Angerichtet wird zuerst mit dem Salat. Darauf kommen Fleisch, Mais und Bohnen sowie das Gemüse.
4. Verrühre den Schmand mit etwas Salsa und

gib einen Klecks des Dressings in die Mitte.
Die Tortilla-Chips arrangierst Du rings um den
Rand der Bowl.

Kartoffel-Bowl

Energie	359 KCAL
Fett	13 G
Kohlenhydrate	46 G
Eiweiss	13 G

AUFWAND:

DAUER:

ca. 30 Minuten

ZUBEREITUNG

Zutaten für 1 Portion:

300 g Kartoffeln
Pflanzenöl
50 g Kirschtomaten
30 g Mozzarellabällchen
¼ Avocado
1 EL Pinienkerne
Salz
Pfeffer
Rosmarin
Basilikum
Zitronensaft

1. Heize den Ofen auf 170° Umluft vor. Wasche die Kartoffeln und schneide sie in Scheiben. Verrühre etwas Pflanzenöl mit ein wenig Salz und gib es über die Kartoffeln. Auf ein Backblech legen und 20 Minuten im Ofen backen. Danach mit Rosmarin bestreuen.

2. Inzwischen wäscht Du die Tomaten und viertelst sie. Die Avocado schneidest Du in kleine Stücke und träufelst etwas Zitronensaft darauf. Gib sie zusammen mit den Pinienkernen und dem Basilikum in den Mixer. Gib etwas

Zitronensaft dazu und schmecke mit Salz und Pfeffer ab. Lasse den Mozzarella abtropfen.

3. Lege die Kartoffelscheiben in die Bowl und garniere mit den Tomaten. Getoppt wird mit den Mozzarellabällchen und Avocado-Pesto.

Chicken-Bowl

Energie	400 KCAL
Fett	7 G
Kohlenhydrate	53 G
Eiweiss	38 G

AUFWAND:

DAUER:

ca. 30 Minuten

ZUBEREITUNG

Zutaten für 1 Portion:

100 g Hähnchenbrust
½ gelbe Paprika
50 g TK-Erbsen
Pflanzenöl
100 g Mie-Nudeln
Currysoße
Salz
Pfeffer

1. Die Paprika wird gewaschen und gewürfelt.
2. Wasche die Hähnchenbrust, tupfe sie trocken und würfle sie. Brate sie in einer Pfanne mit etwas heißem Öl an. Mit Salz und Pfeffer abschmecken.
3. Gib Paprika und Erbsen dazu sowie etwas von der Currysoße.
4. Koche die Mie-Nudeln nach Anleitung.
5. Befülle die Bowl mit den Nudeln. Darauf kommt die restliche Currysoße.

Linsen-Bowl

Energie	380 KCAL
Fett	10 G
Kohlenhydrate	46 G
Eiweiss	23 G

AUFWAND:

DAUER:

ca. 30 Minuten

ZUBEREITUNG

Zutaten für 1 Portion:

50 g Karotten
50 g Hokkaido-Kürbis
Pflanzenöl
2 TL Gemüsebrühe
60 g rote Linsen
4 Gemüsebällchen
Ketchup

1. Schneide die Karotte in Scheiben, der Kürbis wird geschält und gewürfelt. Erhitze etwas Öl in einer Pfanne und dünste beides darin.
2. Gib die Gemüsebrühe in kochendes Wasser und koche die Linsen ca. 10 Minuten darin. Dann abgießen und zu Karotte und Kürbis in die Pfanne geben.
3. Brate jetzt die Gemüsebällchen kurz an.
4. Befülle die Bowl mit dem Inhalt der Pfanne und garniere mit den Gemüsebällchen. Verziere mit etwas Ketchup.

Kids-Buddha-Bowl

Energie	540 KCAL
Fett	22 G
Kohlenhydrate	64 G
Eiweiss	12 G

AUFWAND:

DAUER:

ca. 30 Minuten

ZUBEREITUNG

Zutaten für 1 Portion:

50 g grüne Bohnen
1 kl. Zwiebel
1 TL Butter
50 g Couscous
½ rote Paprika
½ Zucchini
50 g Schmand
50 g Kichererbsen
2 EL Tahin
Zitronensaft
1 kl. Karotte
½ Apfel
20 g Tomaten

1. Wasche, putze und halbiere die Bohnen. Putze die Zucchini und schneide sie in Scheiben. Die Tomaten waschen und halbieren, die Paprika in Streifen, Apfel und Karotte in Scheiben schneiden. Zwiebel schälen und hacken.

2. Zerlasse Butter in einem Topf und dünste die Zwiebel glasig. Gib Bohnen und Zucchini dazu. Füge ca. 50 ml Wasser hinzu und lasse alles ca. 10 Minuten dünsten. Mit Salz und Pfeffer abschmecken.

3. Bereite den Couscous nach Anleitung zu.
4. Schmecke die Bohnen-Zucchini-Mischung mit Tahin, Zitronensaft und etwas Schmand ab. Eventuell noch etwas nachwürzen.
5. Jetzt kommt der Couscous in die Bowl, darauf Zucchini, Bohnen, Tomaten, Karotten und Paprika. Getoppt wird mit dem Apfel.

Dessert-Bowls

Das Dessert ist der krönende Abschluss jedes Menüs. Ob fruchtig oder süß, der Nachtisch rundet das Essen ab.

Ich präsentiere Dir von der schnellen Quark-Bowl bis hin zu Träumen in Beere einige Vorschläge für jeden Anlass. Lass Dich von den süßen Versuchungen überraschen und natürlich verwöhnen!

Quark-Beeren-Bowl

Energie	290 KCAL
Fett	11 G
Kohlenhydrate	23 G
Eiweiss	21 G

AUFWAND:

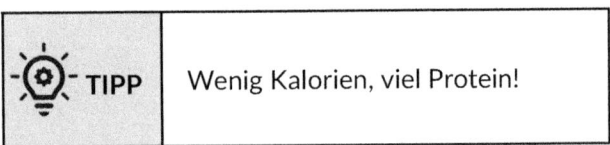

DAUER:

ca. 5 Minuten

Zutaten für 1 Portion:

150 g Magerquark
1 EL Proteinpulver
50 g TK-Himbeeren
1 EL gehackte Haselnüsse

ZUBEREITUNG

1. Gib den Quark in die Bowl, dazu das Protein-pulver, dann mit etwas Wasser cremig rühren.
2. Schneide die Banane in Scheiben und verteile sie mit den Himbeeren auf dem Quark.
3. Toppe mit den Haselnüssen.

TIPP Wenig Kalorien, viel Protein!

Acai-Dessert-Bowl

Energie	303 KCAL
Fett	17 G
Kohlenhydrate	30 G
Eiweiss	5 G

AUFWAND:

DAUER:

ca. 5 Minuten

ZUBEREITUNG

Zutaten für 1 Portion:

2 TL *Acai-Pulver*
40 ml *Kokosmilch*
1 kl. *Banane*
20 g *TK-Heidelbeeren*
20 g *TK-Himbeeren*
1 EL *Knuspermüsli*
1 TL *Erdnussbutter*
1 EL *Agavendicksaft*
1 EL *frische Heidelbeeren*
1 EL *frische Himbeeren*

1. Schneide die Banane in Scheiben. Wasche die frischen Beeren.
2. Die Hälfte der Bananenscheiben kommen mit dem Acai-Pulver, der Kokosmilch und den gefrorenen Beeren in den Mixer.
3. Püriere, bis alles schön cremig ist und rühre den Agavendicksaft ein.
4. Befülle die Bowl und toppe mit den Beeren und dem Knuspermüsli.

Buttermilk-Dream-Bowl

Energie	122 KCAL
Fett	5 G
Kohlenhydrate	18 G
Eiweiss	3 G

AUFWAND:

🍽️

DAUER:

ca. 5 Minuten

Zutaten für 1 Portion:

100 g Buttermilcheis
30 g Erdbeeren
1 EL essbare Blüten

ZUBEREITUNG

1. Portioniere mit einem Eiskugelausstecher Eiskugeln in der Bowl.
2. Wasche und halbiere die Erdbeeren und dekoriere damit die Eiskugeln.
3. Toppe mit den Blüten.

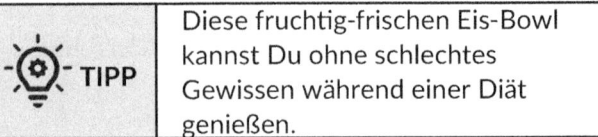
TIPP Diese fruchtig-frischen Eis-Bowl kannst Du ohne schlechtes Gewissen während einer Diät genießen.

Nussige Schoko-Bowl

Energie	472 KCAL
Fett	21 G
Kohlenhydrate	48 G
Eiweiss	19 G

AUFWAND:

🍴⬤🍴

DAUER:

ca. 10 Minuten

ZUBEREITUNG

Zutaten für 1 Portion:

1 Glas Milch
2 Bananen
1 EL Erdnussbutter
1 TL Chia-Samen
1 EL Kakaopulver
1 EL gehackte Erdnüsse
1 EL Schokoraspel

1. Am Vorabend
   die Banane schneiden und einfrieren. Lass ein
   paar Scheiben für das Topping übrig.
2. Am Verzehrtag gibst Du die Bananenscheiben
   mit Milch, Kakaopulver und Erdnussbutter in
   den Mixer.
3. Wenn der Smoothie die gewünschte Konsistenz hat, füllst Du ihn in die Bowl.
4. Toppe mit den Chia-Samen, Schokoraspeln
   und Erdnüssen.

Banana-Bowl

Energie	414 KCAL
Fett	10 G
Kohlenhydrate	57 G
Eiweiss	17 G

AUFWAND:

DAUER:

ca. 15 Minuten

ZUBEREITUNG

Zutaten für *1* Portion:

1 Banane
50 g Quark
50 g Joghurt
3 EL Haferflocken
3 EL Haferkleie
1 E Leinsamen
1 EL Rosinen
1 EL getrocknete
Cranberries
1 EL Goldleinsamen

1. Schneide die Banane in Scheiben. Hebe einige Scheiben zum Toppen auf.
2. Püriere Quark, Haferflocken, Haferkleie, Joghurt und Bananenscheiben im Mixer.
3. Fülle die Masse in die Bowl und toppe mit Leinsamen, Rosinen, Cranberries und Goldleinsamen.

Beerige Schicht-Bowl

Energie	620 KCAL
Fett	43 G
Kohlenhydrate	35 G
Eiweiss	21 G

AUFWAND:

DAUER:

ca. 20 Minuten

ZUBEREITUNG

Zutaten für *1* Portion:

100 g Magerquark
70 g Naturjoghurt
50 g Frischkäse
100 ml Sahne
1 EL Zucker
¼ Pck. Vanillezucker
1 EL weiße Schokoraspel
100 g TK-Beerenmix
Limettensaft

1. Lasse die Beeren auftauen. Schlage die Sahne.
2. Jetzt kommen Quark, Joghurt, Frischkäse, Zucker, Vanillezucker und etwas Limettensaft in eine Schüssel. Mit dem Schneebesen kurz glatt rühren.
3. Hebe die Sahne unter.
4. Schichte abwechselnd Creme und Beeren in die Bowl.
5. Toppe mit den weißen Schokoraspeln.

Spaghetti-Eis-Bowl

Energie	623 KCAL
Fett	38 G
Kohlenhydrate	59 G
Eiweiss	9 G

AUFWAND:

DAUER:

ca. 20 Minuten

Zutaten für 1 Portion:

50 g Sahne
125 g Erdbeeren
½ orange Paprika
150 ml Vanilleeis
25 g weiße Schokolade

ZUBEREITUNG

1. Schlage die Sahne steif. Wasche die Erdbeeren und püriere sie. Reibe die Schokolade.
2. Fülle die Sahne in die Bowl. Presse das Eis durch die Kartoffelpresse auf die Sahne.
3. Gib die pürierten Erdbeeren darüber und toppe mit den Schokoraspeln.

Zabaione-Bowl

Energie	269 KCAL
Fett	7 G
Kohlenhydrate	37 G
Eiweiss	5 G

AUFWAND:

DAUER:

ca. 20 Minuten

ZUBEREITUNG

Zutaten für *1* Portion:

1 Eigelb
20 g Puderzucker
30 ml Marsala
25 g Heidelbeeren
25 g Himbeeren
52 Löffelbiskuits

1. Mixe Eigelb, Puderzucker und Marsala in einer Rührschüssel.
2. Schlage die Masse über einem Wasserbad auf, bis sie dickflüssig ist.
3. Aus heiß wird kalt: Jetzt die Rührschüssel über einer Schüssel Eiswasser Wasser rühren
4. Wasche die Beeren und gib sie in die Bowl. Es folgt die Zabaione. Toppe mit den Löffelbiskuits.

 **TIPP** Kalorienarm und köstlich – das geht auch während einer Diät!

Mango-Bowl

Energie	270 KCAL
Fett	5 G
Kohlenhydrate	49 G
Eiweiss	5 G

AUFWAND:

DAUER:

ca. 20 Minuten

ZUBEREITUNG

Zutaten für 1 Portion:

1 Mango
1 Orange
1 TL Mandelmus
1 Kiwi
1 TL gehackte Pistazien
1 TL Chia-Samen

1. Schäle die Mango und schneide sie in Stücke. Die Orange wird filetiert und geviertelt.
2. Püriere die Früchte mit dem Mandelmus im Mixer.
3. Schäle die Kiwi und schneide sie in Scheiben.
4. Lege die Kiwischeiben in die Bowl und gib die Mangocreme darauf.
5. Toppe mit Chia-Samen und Pistazien.

 **TIPP** Wenig Kalorien – diese Bowl geht auch während einer Diät.

Crunchy-Bowl

Energie	607 KCAL
Fett	8 G
Kohlenhydrate	90 G
Eiweiss	15 G

AUFWAND:

DAUER:

ca. 20 Minuten

ZUBEREITUNG

Zutaten für 1 Portion:

100 g Sojajoghurt
1 Banane
1 EL brauner Zucker
75 g Haferflocken
10 ml Agavendicksaft
2 EL weißer Zucker
20 g Erdbeeren
20 Brombeeren

1. Zerdrücke die Banane mit einer Gabel und vermische sie mit Joghurt und braunem Zucker.
2. Erhitze den weißen Zucker in einem Topf und lasse ihn karamellisieren.
3. Gib Haferflocken und Agavendicksaft dazu und lasse die Masse abkühlen.
4. Wasche die Beeren und halbiere sie.
5. Schichte abwechselnd die Joghurtmasse, Beeren und die karamellisieren Haferflocken. Toppe mit den Brombeeren.

Erdbeereis-Bowl

Energie	485 KCAL
Fett	22 G
Kohlenhydrate	57G
Eiweiss	18 G

AUFWAND:

DAUER:

ca. 25 Minuten

ZUBEREITUNG

Zutaten für *1* Portion:

25 g Erdbeeren
20 g Shortbread
60 ml Milch
60 ml Sahne
21 EL Zucker
1 TL Vanilleextrakt
125 g Eiswürfel
1 EL Salz

1. Wasche die Erdbeeren und hacke sie. Zerbrösle ca. 80 g des Shortbread.
2. Fülle die Erdbeeren mit Shortbread, Milch, Sahne, Zucker und Vanilleextrakt in einen Gefrierbeutel und verschließe ihn so luftdicht, wie möglich.
3. In einen zweiten Gefrierbeutel kommen Eiswürfel und Salz.
4. Lege den ersten Beutel in den zweiten, verschließe ihn und schüttle ihn ca. 10 Minuten.
5. Ist die Masse gefroren, füllst Du sie in die Bowl und toppst mit dem restlichen Shortbread.

Berry-Cake-Bowl

Energie	495 KCAL
Fett	26 G
Kohlenhydrate	50 G
Eiweiss	11 G

AUFWAND:

DAUER:

ca. 35 Minuten

ZUBEREITUNG

1. Püriere Walnüsse, Pistazien, Mandeln und Datteln mit dem Kakao.

Zutaten für 1 Portion:

12 g Walnusskerne
12 g Mandelkerne
5 g Pistazienkerne
(ohne Haut)
50 g Datteln
2 EL Kakaopulver
25 g Zartbitterkuvertüre
¼ Vanilleschote
10 g Puderzucker
30 g Seidentofu
50 g Beerenmix
Minze
¼ Zitrone (Bio)

2. Schmelze die Kuvertüre über dem Wasserbad. Kratze das Mark aus der Vanilleschote. Reibe die Zitrone.
3. Gib Vanillemark, Kuvertüre, Zitronenabrieb, Tofu und Puderzucker in eine Schüssel. Füge etwas Kakaopulver hinzu und rühre alles mit dem Handmixer cremig. Fülle die Masse in einen Spritzbeutel.
4. Gib die Creme auf die Dattelmasse. Beeren

und Minze waschen.

5. Setze das Törtchen in die Bowl und toppe mit den Beeren und Minzblättern. Bestäube es mit etwas Puderzucker.

Toppings und Dips

Sie gehören zu den Bowls, wie das Salz zur Suppe: Toppings, Dips und Dressings. Beeren, Sprossen, knackige Nüsse oder eine würzige Soße geben den bunten Schüsseln den letzten Pfiff und sorgen dafür, dass sie immer wieder anders schmecken.

Bei der Wahl der Toppings und Dips bist Du genauso frei, wie bei der Kreation der Bowls selbst. Nimm einfach die Zutaten, die Du am liebsten magst.

Allerdings muss ich zugeben, dass ich anfangs von der Fülle der Optionen ziemlich erschlagen war. Damit Dir das nicht ebenso geht, bekommst Du einige Vorschläge für den krönenden Abschluss Deiner Bowls.

Toppings

- Hier kannst Du aus dem Vollen schöpfen und toppen, was das Zeug hält. Für Frühstücks-, Smoothie- und Dessert-Bowls eignen sich zum Beispiel:
- Beeren (Erdbeeren, Heidelbeeren, Himbeeren, Goji-Beeren, etc.)
- Nüsse (Haselnüsse, Walnusskerne, Mandeln Erdnüsse, etc.)

- Früchte in Scheiben, Spalten oder Hälften (Kiwi, Banane, Apfel, Orange, Mango, etc.)
- Haferflocken
- Leinsamen
- Samen (Chia-Samen, Hanfsamen, etc.)
- Algen
- Sprossen, Kresse
- Kichererbsen
- Sesam
- Kürbis- und Sonnenblumenkerne
- Kräuter

Dips

Auch hier sind sie Möglichkeiten nahezu unbegrenzt. Von der klassischen Vinaigrette bis zu selbstgemachtem Pesto oder Hummus ist alles möglich. Sie sind alle in Minutenschnelle gemacht und verleihen Deiner Bowl das gewisse Etwas.

Übrigens, lass Dich von den Nährwertangaben nicht irritieren. Ich habe die Menge jeweils für 1 Portion berechnet. Da kommen manchmal recht hohe Werte zusammen. Doch Du brauchst für den Dip meist nur einen Esslöffel davon.

Vinaigrette

Energie	67 KCAL
Fett	7 G
Kohlenhydrate	0 G
Eiweiss	0 G

AUFWAND:

DAUER:

ca. 5 Minuten

ZUBEREITUNG

> **Zutaten für 1 Portion:**
>
> **1 EL** Essig
> **2 EL** Öl
> Salz
> Pfeffer
> Zucker
> Wasser

1. Verrühre Essig und Öl mit etwas Wasser zu einem leicht cremigen Dressing.
2. Schmecke mit Salz, Pfeffer und einer Prise Zucker ab.
3. Du kannst natürlich noch Kräuter nach Wahl hinzufügen.

TIPP Wenig Kalorien – ein gutes Dressing während einer Diät.

Joghurt-Dressing

Energie	152 KCAL
Fett	14 G
Kohlenhydrate	3 G
Eiweiss	15 G

AUFWAND:

🍽️

DAUER:

ca. 5 Minuten

ZUBEREITUNG

Zutaten für 1 Portion:

1 EL Olivenöl
50 g Naturjoghurt
¼ Zitrone
Salz
Pfeffer
Kräuter nach Wahl

1. Gib den Joghurt in eine Rührschüssel und presse die Zitrone darüber aus.
2. Rühre das Öl unter und schmecke mit Salz und Pfeffer ab.
3. Füge Kräuter nach Deiner Wahl hinzu.

Guacamole

Energie	145 KCAL
Fett	12 G
Kohlenhydrate	5 G
Eiweiss	3 G

AUFWAND:

DAUER:

ca. 10 Minuten

ZUBEREITUNG

Zutaten für *1* Portion:

¼ Avocado
1 TL Limettensaft
¼ Knoblauchzehe
20 g Kirschtomaten
1 TL Chilipulver
½ Knoblauchzehe
Salz
Koriandergrün

1. Schneide die Avocado klein und zerdrücke sie mit der Gabel, der Knoblauch wird fein gehackt, die Tomaten gewaschen und gewürfelt, das Koriandergrün gewaschen und trocken geschüttelt.

2. Gib Avocado, Limettensaft und Knoblauch in einen Mixbecher und püriere alles mit dem Pürierstab fein. Mit Salz und Chili abschmekken.

3. Nun rührst Du noch die Tomatenwürfel und das Koriandergrün unter.

Joghurt-Minz-Dip

Energie	99 KCAL
Fett	8 G
Kohlenhydrate	5 G
Eiweiss	3 G

AUFWAND:

DAUER:

ca. 10 Minuten

ZUBEREITUNG

Zutaten für 1 Portion:

50 g Naturjoghurt
½ EL Olivenöl
1 Stängel Pfefferminze
Salz
Pfeffer
½ Knoblauchzehe
Kreuzkümmel

1. Wasche die Minze, tupfe sie trocken und zupfe die Blätter ab (hebe einige auf) und schneide sie klein. Hacke den Knoblauch fein.
2. Gib den Joghurt in eine Rührschüssel und vermenge ihn mit Olivenöl und Minze. Mit Salz, Pfeffer und Kreuzkümmel abschmecken.
3. Streue einige Minzblätter als Deko darüber.

 **TIPP** Dieser Dip passt gut zu allen orientalisch angehauchten Bowls.

Honig-Senf-Dressing

Energie	127 KCAL
Fett	10 G
Kohlenhydrate	9 G
Eiweiss	0 G

AUFWAND:

🍽️

DAUER:

ca. 10 Minuten

ZUBEREITUNG

Zutaten für 1 Portion:

1 EL *heller Balsamico*
1 EL *Rapsöl*
1 TL *Senf*
1 TL *Honig*
Salz
Pfeffer

1. Verrühre Balsamico, Honig und Senf mit etwas Wasser.
2. Gib das Öl nach und nach dazu.
3. Schmecke mit Salz und Pfeffer ab.

Basilikum-Pesto

Energie	163 KCAL
Fett	13 G
Kohlenhydrate	4 G
Eiweiss	6 G

AUFWAND:

🍽️

DAUER:

ca. 15 Minuten

Zutaten für 1 Portion:

¼ Knoblauchzehe
30 ml Olivenöl
15 g geriebener Parmesan
25 g Basilikum
10 g Pinienkerne

ZUBEREITUNG

1. Röste die Pinienkerne in einer Pfanne ohne Öl. Nimm sie dann sofort heraus.
2. Wasche das Basilikum, schüttle es trocken und zupfe die Blätter ab. Der Knoblauch wird gehackt.
3. Jetzt kommen Pinienkerne, Basilikum, Knoblauch und Öl in einen Rührbecher und werden mit dem Schneidestab püriert.
4. Schmecke mit Salz und Pfeffer ab und rühre den Parmesan hinein.

Tomaten-Salsa

Energie	61 KCAL
Fett	2 G
Kohlenhydrate	7 G
Eiweiss	3 G

AUFWAND:

DAUER:

ca. 15 Minuten

ZUBEREITUNG

Zutaten für 1 Portion:

1 Tomate
¼ Zwiebel
¼ Knoblauchzehe
1 TL Zitronensaft
¼ Bund Koriander
1 Msp. Chilipulver
Salz

1. Wasche und würfle die Tomate. Knoblauch und Zwiebel schälen und fein hacken, den Koriander waschen und klein schneiden.
2. Verrühre jetzt Tomatenwürfel mit Knoblauch, Zwiebel und Koriander.
3. Schmecke mit Zitronensaft und Salz ab.

 **TIPP** Ein leckerer, kalorienarmer Dip – perfekt während einer Diät!

Hummus

Energie	166 KCAL
Fett	9,6 G
Kohlenhydrate	14,3 G
Eiweiss	7,9 G

AUFWAND:

DAUER:

ca. 15 Minuten

Zutaten für 1 Portion:

1 Dose Kichererbsen
3 EL Sesampaste
1 Knoblauchzehe
1 TL Kreuzkümmel
5 EL eiskaltes Wasser
Salz

ZUBEREITUNG

1. Brause die Kichererbsen unter fließendem Wasser ab und lasse sie abtropfen. Hacke die Knoblauchzehe.
2. Gib sie dann mit Sesampaste, Knoblauch, Wasser und etwas Salz in einen Mixbecher. Püriere es mit dem Schneidstab zu einer cremigen Masse.
3. Toppe den Hummus mit einigen Kichererbsen.

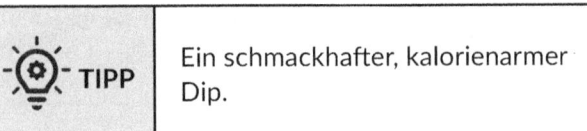

TIPP Ein schmackhafter, kalorienarmer Dip.

Soja-Sesam-Dressing

Energie	184 KCAL
Fett	11 G
Kohlenhydrate	17 G
Eiweiss	5 G

AUFWAND:

DAUER:

ca. 15 Minuten

Zutaten für 1 Portion:

2 EL Sesamsamen
2 EL Sesampaste
1 EL Sojasoße
1 EL Reisessig
1 EL Zucker

ZUBEREITUNG

1. Röste den Sesam in einer Pfanne ohne Öl an, dabei gut umrühren, damit nichts anbrennt.
2. Zerstoße ihn im Mörser.
3. Nun mischt Du den Sesam mit den restlichen Zutaten.

TIPP Eignet sich gut für Buddha-Bowls oder andere Asia-Bowls.

Tahini-Dressing

Energie	600 KCAL
Fett	49 G
Kohlenhydrate	11 G
Eiweiss	20 G

AUFWAND:

DAUER:

ca. 20 Minuten

ZUBEREITUNG

1. Röste die Sesamsamen in einer Pfanne ohne Öl, dabei gut umrühren, damit sie nicht anbrennen.

2. Lasse sie etwas abkühlen.

3. Gib die Samen nun in einen Mixbecher und mixe so lange, bis eine homogene Masse entsteht. Das kann etwas dauern, schalte deshalb den Mixer immer mal wieder aus, um eine Überhitzung zu vermeiden. Allmählich tritt

---

Zutaten für 1 Portion:

12 g geröstete Erdnüsse
1 EL Olivenöl
½ Zwiebel
½ Knoblauchzehe
1 TL Chilipulver
1 TL Currypulver
1 TL gemahlener Kreuzkümmel
50 ml Kokosmilch
1 EL brauner Zucker
1 TL Zitronensaft
ca. 1 cm Ingwer
Salz
Pfeffer

das Öl aus den Samen und Du bekommst eine Paste. Optional kannst Du mit etwas Öl nachhelfen, kalorienärmer ist es natürlich, wenn Du geduldig mixt.

4. Wenn Du magst, kannst Du mit etwas Honig oder Salz abschmecken.

Saté

Energie	373 KCAL
Fett	31 G
Kohlenhydrate	16 G
Eiweiss	5 G

AUFWAND:

🍽️ 🍽️

DAUER:

ca. 20 Minuten

ZUBEREITUNG

Zutaten für 1 Portion:

100 g Sesamsamen

optional:
Salz
Honig
Öl

1. Hacke die Erdnüsse fein (geht am schnellsten in einer elektrischen Küchenmaschine). Hacke Zwiebel und Knoblauch, der Ingwer wird gerieben.
2. Erhitze Öl in einer Pfanne und dünste die Zwiebel glasig. Füge Knoblauch, Ingwer, Chili, Kreuzkümmel und Curry hinzu. Lasse alles unter ständigem Rühren ca. 2 Minuten köcheln.
3. Jetzt kommen Kokosmilch, Zucker und Erdnüsse dazu. Lasse alles ca. 5 Minuten köcheln, dann mit Zitronensaft und Salz abschmecken.

Mango-Curry-Dip

Energie	209 KCAL
Fett	15 G
Kohlenhydrate	16 G
Eiweiss	2 G

AUFWAND:

DAUER:

ca. 20 Minuten

ZUBEREITUNG

Zutaten für *1* Portion:

1 *EL* Crème fraîche
1 *EL* Joghurt
¼ *Mango*
1 *EL* Mango-Chutney
1 *TL* Currypulver
1 *EL* Orangensaft
1 *TL* Zitronensaft
1 *EL* Sherry-Essig
½ *rote Chili*
ca. *1* cm Ingwer
1 *EL* Sesamöl
1 *EL* Erdnussöl

1. Schäle die Mango und schneide sie in Stücke. Löse die Kerne aus der Chilischote und würfle sie dann (mit Handschuhen!). Der Ingwer wird gerieben.
2. Gib Crème fraîche, Joghurt, Mango, Chutney, Curry, Zitronensaft, Orangensaft und Sherry-Essig in den Mixer und püriere alles fein.
3. Jetzt kommen Chili und Ingwer dazu. Gut umrühren und 15 Minuten durchziehen lassen.

Kurz zum Schluss:

Nun bist Du ein wahrer Bowl-Profi. Du kennst die beliebtesten Bowls, weißt, woher sie kommen und wie sie zusammengestellt werden. Und Du hast gesehen (oder besser: gelesen), dass sie wirklich zu jeder Gelegenheit passen. Sie sind so herrlich farbenfroh und gesund, und schon das Zubereiten ist ein Genuss. Bei dieser großen Vielfalt kann sich wirklich jeder seinen persönlichen Favoriten heraussuchen. Findest Du nicht auch, dass die Bowls im wahrsten Sinne des Wortes eine runde Sache sind?

Ich danke Dir fürs Lesen und hoffe, das Buch hat Dir gefallen. Hast Du ein paar Rezepte ausprobiert? Welches ist Dein Favorit? Lass es mich wissen. Ich freue mich sehr über Feedback von Dir, gerne als Rezension.

Happy Bowling!

© Julia Stevens 2020

1. Auflage

Kontakt: Novion GmbH,

RED DUCK Verlag

http://www.red-duck.de/

Köhlstraße 10b,

50827 Köln,

Deutschland

Covergestaltung: Fiverr

https://www.shutterstock.com/de/image-vector/
hawaiian-shrimp-poke-bowl-greens-vegetables-1262761963

-

https://www.shutterstock.com/de/image-vector/
healthy-breakfast-vector-illustration-yougurt-fig-405698425

-

https://www.shutterstock.com/de/image-vector/
healthy-colorful-breakfast-acai-smoothie-bowl-1242518845

-

https://www.shutterstock.com/de/image-vector/
vector-illustration-buddha-bowl-different-healthy-663344425

ISBN: 978-3-96959-016-4

Printed in Great Britain
by Amazon

46751894R00132